入門ガイダンス

品質管理の マネジメント

第2版

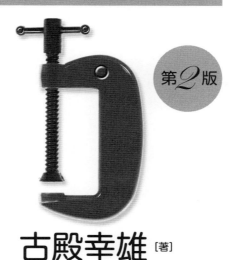

古殿幸雄 [著]
Kodono Yukio

中央経済社

第2版へのまえがき

　数年前から看護学科の学生を対象とした基礎教育科目である情報系の科目を担当している。その関係から，医療従事者と QC 活動の関係が深いことを知ることができた。医療現場には，多くの QC サークルが存在し，改善活動が行われている。日本の医療は世界トップレベルと言われるが，それを支える要因の1つに QC の存在があるのかもしれない。

　QC は QualityControl の頭文字をとった言葉であるので，質のコントロールという意味であるが，日本人は，戦後の工場製品の質のコントロールに QC を用いたために，Quality を品質と訳した。そのため製造現場での QC サークルが多くなったが，医療や介護関係の QC サークルが活発であることは，QC が製造現場だけの改善手法ではないことを証明してくれている。

　この QC サークルであるが，『現場と QC』（現 QC サークル誌）の創刊号（1962年4月）に当時，編集委員長であった東京大学教授の石川馨先生が，「現場ごとに読者 QC サークルをつくっていただいて，編集委員のみならず読者グルミの編集を」と呼びかけたことをきっかけに，全国に QC サークルが普及することになった（石川馨先生は，QC サークルの父と呼ばれている）。1962年5月には，QC サークル本部が設立され，申請書による本部登録制度がスタートし，2006年からは Web 上からの登録が可能となり，2024年7月現在全国に9支部36地区においてQC サークル活動が行われ，本部登録サークル数は6万件を超えている。

　60年以上の歴史のある QC サークルであるが，1990年代後半から2000年代初頭にかけて，品質トラブルに起因する度重なる企業不祥事が，社

会的な問題になった。そのため品質問題を未然に防止する活動として，小集団活動が見直された。

　最近になっても，大手製造業における認証試験や完成検査などにおける不正事案が明るみに出た。このような製造業の劣化はQCサークルが衰退したことと関係しているのではないかと推察せざるを得ない。

　日本のバブル経済が崩壊し，失われた10年を過ごすことで，企業活動は利益重視（コスト削減）に偏っていき，QC活動が衰退あるいは形骸化し，品質トラブルが発生し，日本的経営やOJTによる人材育成などが，米国発の成果至上主義的経営に置き変わり，その結果として，先進国のなかで30年以上も経済成長がゼロに近い状態のままで今日に至り，その上，検査不正や品質不正を起こしてしまったのではないかと考えざるを得ない。

　品質トラブルや検査不正・品質不正は，QCサークル活動がしっかりと機能していれば起こり得ないことである。なぜならば，QCサークル活動の基本理念には，「企業の体質改善・発展に寄与する」と明記されているからである。

　私たち日本人は，今一度QCに向き合い，QC活動を形骸化したものとせず真剣に取り組んでいく必要があると考える。特に，製造業や病院・福祉施設，建設業がQC活動を牽引してきたので，他の分野はそのノウハウを共有し，実践することで，日本経済の復活に挑んで欲しい。本書がそのために貢献してくれることを願ってやまない。

　最後に，本書の出版にあたり，中央経済社の方々，特に納見伸之氏にはたいへんお世話になった。ここに記して感謝の意を表する。

2024年7月

古殿　幸雄

まえがき

　品質管理という言葉からは，製造業における製品の質を扱う管理手法と考えられがちである。そして，日本の製造業においては，品質管理は当然のように浸透し，今日の "Made in Japan" ブランドを形成していった。第2次世界大戦後の日本の驚異的な経済復興は，安くて壊れない高品質なモノ作り（造り），すなわち全社的品質管理によって果たされたと言っても過言ではないだろう。

　しかしながら，品質管理は，製品としての有形のモノのみを対象としているのではなく，本来は，製品やサービスの質を意味する質の管理であり，無形のモノをも対象としている。そして，"Made in Japan" ブランドは，得てして有形のモノを指して使われている。

　筆者は，十数年にわたり，品質管理の講義を経営情報学部において担当してきた。最初の頃の講義では，エンジニア系の講義内容となり，学生からは不評であった。この経験から，ノンエンジニア系の講義として，品質管理を口述するためには，どのようにすればよいかを考えるようになった。本書は，この答えのひとつのようなものである。

　日本の製造業は，世界でも，1，2を競う生産性を誇っている。ところが，他の分野は，世界でも珍しいくらいに生産性が低いところがある。これは，品質管理が，エンジニア系の学部や製造業に受け入れられ，ノンエンジニア系の学部や非製造業分野にはうまく受け入れられずに，まだまだ未開拓なまま，今日に至っていることが原因ではないかと考えている。そのため，非製造業分野への品質管理の浸透は，想像以上に進んでいないものと考えられる。

また最近では，ISO 9000ファミリー規格や，ISO 14000シリーズ規格に代表されるように，品質や環境などのマネジメントシステムに対する規格が注目されている。従来までは，JISやISOなどの規格は，製造業中心の種々の標準化を目指していた。しかしながらJISやISOなどで，品質や環境などのマネジメントシステムに対する規格が取り扱われるようになったことは，まさに製造業のみならず，すべての分野において品質管理を浸透させ，さらに経営の質を問うマネジメントの時代への移行を物語っている。

したがって，本書では，品質管理のマネジメントとして，品質管理からはじまり，品質マネジメント，品質マネジメントシステム，経営品質そしてシックスシグマ手法へと展開させている。これは，ノンエンジニア系の講義やビジネスマンの基礎知識習得を強く意識しているためであり，技術的な手法は極力抑えることにした。また，本書を大学等での講義に活用しやすいように，第1章にて，講義回数に応じた講義内容の目安を示した。

なお，前著として，『入門ガイダンス　経営科学・経営工学』，『入門ガイダンス　情報のマネジメント』があるが，本書の位置づけは，これらを含めた姉妹書ということになる。経営の科学的アプローチ，工学的アプローチによる問題解決および情報学的アプローチへの展開を論じた『経営科学・経営工学』と，情報に基づく意思決定アプローチとしての『情報のマネジメント』，そして，品質管理や品質マネジメント，品質マネジメントシステム，経営の質へのアプローチとして本書が位置づけられる。

本書が，これからまだまだ生産性の向上が図れる非製造業分野の実務家の基礎知識として，あるいは，MBA（Master of Business Administration）コースを目指す方の基礎知識として，またMOT（Management of Technology）コースの学生やノンエンジニアリング分野における大学の講義用として役立てて頂ければ幸いである。

　最後に，本書を執筆するにあたり，日頃から多大なるご助言を頂き，常に的確な指針を頂いている恩師の大阪府立大学名誉教授の浅居喜代治先生ならびに大阪工業大学教授の奥田徹示先生に心より感謝の意を表す。また，多くの諸先生，諸先輩方の著書を引用，参考にさせて頂いたが，ここに記して謝意を表する。なお，本書では，諸先生，諸先輩方の敬称を略させて頂いた。ここに記すことでお詫び申し上げる。さらに，妻の弘美と子供たちに感謝する。そして，本書の出版にあたっては，中央経済社の方々，特に納見伸之氏には，たいへんお世話になった。ここに厚くお礼申し上げる。

2006年5月

古殿　幸雄

目次

第 1 章 品質管理 ——————————— 1

1. If Japan Can ... Why Can't We?／1
2. QCの変遷／6
3. 本書の構成／8

第 2 章 QCの意義 ——————————— 13

1. QCの定義／13
2. 品質と管理／15
3. 品質と経済性／17
4. 日本のQCの特徴／19

第 3 章 QC七つ道具 ——————————— 23

1. データの要約／23
2. 統計的な考え方／26
3. QC七つ道具／28
4. 統計的方法に用いられる分布／43

⑤ 管理図／53

Excelを用いるQC七つ道具の作成方法／66

第 4 章 QCの手法 — 81

① QC手法／81
② 新QC七つ道具／82
③ 抜取検査／92
④ 品質保証／98

第 5 章 デミング経営哲学 — 109

① デミングに学べ／109
② 14のポイント／110
③ 7つの致命的症状といくつかの障害／115
④ フォード自動車の経営改革／118

第 6 章 TQM — 121

① 品質マネジメント／121
② TQM宣言／124
③ TQM／126
④ マルコム・ボルドリッジ国家品質賞／129
⑤ TQMへの展開／132

第 7 章　ISO 9000ファミリー規格 ── 143

- [1] QCの第2の流れ／143
- [2] ISO 9000シリーズ規格／145
- [3] ISO 9000ファミリー規格／149
- [4] 審査登録制度／153
- [5] セクタ規格／157

第 8 章　環境マネジメント ── 159

- [1] 成長の限界／159
- [2] 京都議定書／160
- [3] 地球温暖化シミュレーション／166
- [4] ISO 14000シリーズ規格／172
- [5] ISO 9001およびISO 14001認証取得件数／174

第 9 章　シックスシグマ経営 ── 179

- [1] シックスシグマの生みの親と育ての親／179
- [2] シックスシグマの目標／182
- [3] COPQとCTQ，VOC／186
- [4] DMAIC／190
- [5] シックスシグマ活動／193
- [6] TQCとシックスシグマとの比較／195

IV

第10章 | 今後の展開 ——————— 199

付　表／203
演習問題解答（第3章，第4章）／207
さくいん／219

第1章

■ 品質管理

1 If Japan Can … Why Can't We?

"If Japan Can … Why Can't We?"は，1980年6月26日にアメリカの4大ネットワーク（ABC，CBS，NBC，FOX）のひとつであるNBC局が放映した番組のタイトルである。全米で，1,400万人が視聴したと言われており，この番組のVTRテープは，放送後史上最高を記録したほどの注文を受けたと言われている。

この番組が放映されるまでの経緯については，1950年にさかのぼることになる。1945年，日本は第2次世界大戦で敗戦し，工場は焼け，食料や原材料は不足し，復興には何十年もかかると考えられていた。日本は，小さな島国であり，その資源は乏しく，自国の資源で復興をはかることは不可能に近かった。このような小国が復興するためには，資源を輸入し，加工することで，付加価値をつけた製品にして，輸出するしかない。日本人は，職人気質であり，ひとつひとつの製品を作る技術には長けていたが，大量に生産することは得意ではなかった。

日本の復興のために，連合国軍総司令部（General Headquarters；GHQ）は，「1に食糧，2に石炭，3にラジオ」というような基本方針

を打ち出し，3に相当する通信機器を大量に生産することを指示したが，完成した製品は，すぐに壊れてしまい，「安かろう悪かろう」というレッテルが貼られるほど，今日のような"Made in Japan"ブランドにはほど遠い品質であった。しかし，資源の乏しい日本の復興には，輸入した資源を用いて加工し，付加価値をつけた製品を作り出すしかなかった。したがって，付加価値のある製品として，壊れない，優れた品質への変革が要求されたのである。

そのためGHQの民間通信局（Civil Communications Section；CCS）のサラソン（H. M. Sarasohn）とプロッツマン（C. A. Protzman）は，1946年から1950年まで日本に滞在し，CCSマネジメントコースを開講し，日本の品質管理活動，新しい経営体質の育成に努める。日本の品質改善のためには，日本企業のマネジメント活動から改革する必要があった。

このような下地のもと，日本の産業界全体に，品質管理（Quality Control；QC）の考え方を普及させるために，アメリカのQCコンサルタントであったデミング（W. E. Deming）が，1950年7月に財団法人日本科学技術連盟の招きにより来日することになる。

デミングは，神田駿河台の日本医師会館講堂で，「品質の統計的管理8日間コース」のセミナーを行った。引き続いて，箱根では「経営者のためのQC講習会1日コース」のセミナーを行った。これらのセミナーで，日本の産業界の経営者，管理者，技術者，研究者に統計的品質管理（Statistical Quality Control；SQC）の基本を平易に懇切に講義し，受講者に深い感銘を与えるとともに，揺籃期にあった日本のQCの成長に大きな影響を与えることになる。

これらのセミナーでデミングは，

① 大量生産では部品も製品も標準化されており，互いに互換性のある部品同士を組み合わせて製品にするため，部品にひとつでも不良

品が混じると，製品も不良品になること

② 部品は互いに全く同じ長さ，全く同じ重さに揃っていなければならないこと

③ 低品質の原料では，高品質の製品が作れないこと

④ そのため納入業者と共同研究を行うこと

⑤ 大量生産において，部品の中に標準から外れたものがひとつでも混じれば，その後の組み立て作業や，それに組み込まれた他の部品がすべて無駄になるため，部品段階で不良品を早く発見し，不良品が発生した原因を究明し，改善して，再び不良品が出ないようにすること

⑥ 不良品の発見のためには，抜取検査が有効であること

⑦ 不良品の発見からその原因をどのように発見し改善の処置を取るかには，統計的手法を用いたQCが，最も重要な活動であること

⑧ シューハートサイクル（PDCAサイクル）の各段階を確実に実施すること

などを説いた [1], [2]。

そして，8日間コースの講義は，速記によって記録され，"Dr. Deming's Lectures on Statistical Control of Quality" の書名で有料配付される。この本は，飛ぶように売れたが，デミングはこの講義録の印税を，日本のQCの普及のための運動に使うようにと日本科学技術連盟に寄付する。

そこで，日本科学技術連盟は，デミングのご厚意に感謝し，その業績を永く記念するとともに，日本のQCの一層の発展を図るために，この講義録の印税を基金として，デミング賞（Deming Prize）を創設し，QC活動で際だった成果を上げた個人またはグループ，あるいは事業所や企業（組織）または企業（組織）の事業部に，デミング賞を授与する

ことになった。

　その後，デミングの著書"Some Theory of Sampling"が日本語に翻訳・出版されたが，さらにこの著書の印税の一部の寄付があり，デミング賞の基金に加えられた。こうした経緯を経て，デミング賞は大きく発展した［3］。

　1954年には，アメリカのQCコンサルタントであるジュラン（J. M. Juran）が来日し，パレート図による分析，散発不良と慢性不良との区別，管理点の選定問題など，管理者または経営者としてのQCの実践方法を紹介した。日本のQCは，これを契機にSQCから全社的品質管理（Total Quality Control；TQC）へと発展していった。

　1955年から1970年の間に，日本は実質年平均9.7％の高度経済成長を遂げる。そして，日本は，大量生産によって，経済大国へと発展することになった。このような高度経済成長を遂げた日本のマネジメントを紹介する"Japan as Number One: Lessons for America"が，1979年に出版され，世界中でベストセラーとなった。その結果，多くの経営者，研究者達が日本の製品の品質やマネジメントに注目することとなる。

　日本の企業にとって，QC，とりわけデミングがいなければ，高度経済成長が果たし得なかったと言っても過言ではないほど，その功績が偉大であることは，周知の事実である。しかし，日本の製品の品質やマネジメントに注目したアメリカの経営者，研究者達にとって，デミングは無名に近い存在であった。

　さて，アメリカからは，日本製品の高品質の原因を究明するために，多くの使節団が派遣された。彼らは，政府，学校，企業，工場などを見学するが，とりわけどの工場でもデミングというアメリカ人の名前を聞くことになる。しかし，使節団の誰もが，デミングという人物を知らなかった。

当然デミングという人物に興味が湧き，アメリカ人であれば，アメリカ国内にまだいるはずであろうと，すぐにデミングの捜索が始まった。その結果，週に1回ニューヨーク大学に統計学を教えに行く1人の統計学者を捜し当てた。アメリカでは，無名の統計学者が，日本では神様のように崇められている。その年老いた統計学者こそが，戦後日本の奇跡的な復興，高品質の日本製品による驚異的な経済成長をもたらしたのであるから，テレビで報道するには申し分なかった。

　このようにして，冒頭のアメリカのNBCから放映された"If Japan Can … Why Can't We?"は，戦後日本の復興と日本製品の品質向上とともに，デミングの果たした役割を，初めて全米に知らしめることになった。この放送を視聴したアメリカ国民への衝撃は，どれほど大きかっただろうかと思う。すでにデミングは80歳であったが，この放送直後，デミングはアメリカ復活のための原動力として，全米で注目されることになる [4]。

　当時，まさに高品質な日本の製品によって，アメリカの産業界は危機に直面していた。日本からの輸入品が増えることによって，アメリカの多くの企業がひとつずつ消えていった。また，日本とアメリカの貿易摩擦も，この頃最も激しくなっていた。その原因は，安くて高品質な日本製品なのであるが，アメリカ政府の論点は，幾度となく的をはずしていた。しかし，アメリカ国民には，日本の製品の安くて壊れない魅力がわかっていたので，その魅力的な，高品質な日本の製品を生み出すために，日本にQCを教えたのがアメリカ人であり，そのアメリカ人は，まだ健在であったことは，アメリカの希望の光となり得た。

　そして，この日からアメリカの経済再興の願望が，デミングに課せられることになった。放送後のデミングによるセミナーは，彼が93歳で他界（1993年12月20日）する10日前まで，アメリカ全州の大都市で開かれ

続け，13年間で総動員数が20万人であったと言われている ［5］。なお，アメリカにおけるデミングの貢献については，第5章で再度検討する。

② QCの変遷

フォード（H. Ford）は，1903年フォード・モーター社（Ford Motor Company：フォード自動車）を設立し，自動車の生産販売を開始した。1908年に誕生したT型フォードは，大衆者向けの頑丈で安価な自動車であり，市場の膨大な需要に応えるために量産された。この量産システムは，「フォードシステム」と呼ばれ，単一機種の大量生産を可能とした。

フォードシステムに代表される大量生産システムは，フォード自動車が，1908年以来20年間で1,500万台にのぼる自動車を市場に供給した［6］ことからも，また1920年代初頭，市場占有率が60％になっていたことからも，まさしく画期的なものであった。

しかし同時に，不良の多発という問題を引き起こした。このような背景のなか，アメリカのベル電話研究所（Bell Telephone Laboratory）においてSQCの研究が始められ，1924年にはシューハート（W. A. Shewhart）による管理図法，ダッジ（H. F. Dodge），ロミッグ（H. G. Romig）による抜取検査法が発表された［7］。また，同時期に，イギリスのローザムステッド（Rothamsted）農事試験場で，フィッシャー（R. A. Fisher）による実験計画法の基本的な考え方が提唱された。なお，世界の喜劇王チャップリンは，彼の代表作「モダンタイムス」のなかで，工場の巨大な歯車に押しつぶされることによって，大量生産システムを喜劇的に批判したのは，1936年のことである。

QCは，まず品質という本来質的なものを，量的なものに置き換え管理することから出発した。すなわち，品質特性，代用特性という概念を

導入し，計量値もしくは計数値により品質を代用させて，これを統計的に管理したのである。なお，"Quality"は本来「質」と訳すべきであるが，前節で述べたように，小型電器製品（ラジオ等）の製造業が中心となってQCに取り組んだことで，「品質（quality of goods）」という訳語が当てられた。しかしながら，質を管理する意味は，製造業での製品の質のみではなく，サービス業におけるサービスの質，企業における経営の質など，有形，無形に限らず該当するが，日本では導入の経緯から製造業が中心となって発達した。

さて，統計的に管理したとは，品質を特性の値のばらつきとして捉えたことを意味する。このばらつきの原因には，見逃すことのできない原因によるばらつきと偶然原因によるばらつきの2種類があることが，シューハートにより提唱されていた。

このようなSQCは，アメリカにおいて1920年代後半より徐々に普及し，1940年代に全盛期を迎えることになる。第2次世界大戦中，アメリカ軍は戦争に用いられる膨大な数の兵器の品質を確保するために，シューハートの考え方を採用し，これを軍の規格にしたのである。その後日本では，前節でも述べたが，第2次世界大戦後の1946年頃からGHQの指導により始められ，1950〜1952年にかけて，デミングの3回の来日により，SQCの本格的な発展の基礎が確立した [7]。

そして，デミングに続いて来日したジュラン（J. M. Juran）により，QCが単なる製造部門での不良低減の手法ではなく，経営の重要な道具として活用されるべきであることが主張されるようになり，日本独自のTQCにつながることになった。

以上のようなQCの変遷（QC→SQC→TQC）をまとめると，図1-1のようになる。

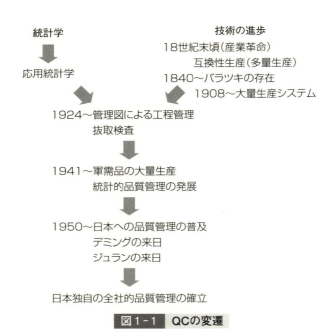

図1-1　QCの変遷

3　本書の構成

本書の構成は，図1-2のようになっている。

本書は，全体として総合的品質マネジメント（Total Quarity Management；TQM）について論じているが，1章-2章-3章-4章-10章と読み進めていけば，品質管理論（大学等での講義では，1コマ90分で，13〜15コマ程度の講義に適している）として，（1章）-5章-6章-7章-8章-9章-10章と読み進めていけば，品質マネジメント論（大学等での講義では，1コマ90分で，13〜15コマ程度の講義に適している）として活用できる。半期14コマとして，講義回数と講義内容や該当する章・節・項の目安を，表1-1に示す。また，これらの目安から13〜15

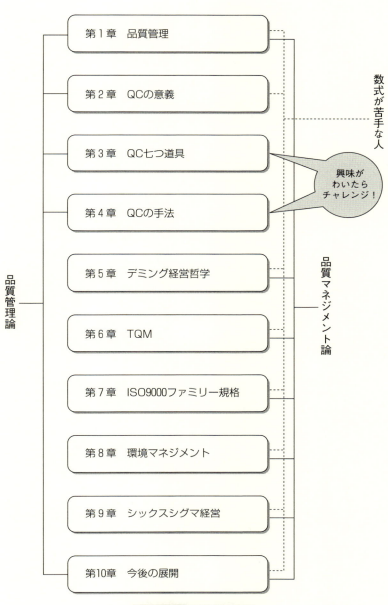

図1-2 本書の構成

| 表1-1 | 講義回数と講義内容の目安 |

第1章～4章				第5章～10章			
回	章	節・項	講義内容	回	章	節・項	講義内容
1	1	1，2	QCの動機づけ	1	5	1，2	デミングの14points
2	2	1～4	QCの意義	2	5	3，4	デミング経営哲学
3	3	1，2	データの要約と統計的な考え方	3	6	1，2	品質マネジメント
4	3	3 ①，②	QC七つ道具1(ヒストグラム演習)	4	6	3，4	総合的品質マネジメント(TQM)
5	3	3 ③	QC七つ道具2(前回の演習の解説とパレート図演習)	5	6	5	TQMの導入と経営品質
6	3	3 ④	QC七つ道具3(前回の演習の解説と特性要因図演習)	6	7	1，2	ISO9000シリーズ規格誕生の経緯
7	3	3 ⑤～⑦	QC七つ道具4(前回の演習の解説と層別，散布図演習と解説)	7	7	3～5	品質マネジメントシステム
8	3	4 ①，② a)，b)	統計的方法に用いられる分布—理論分布—(～標準正規分布の演習)	8	8	1，2	環境マネジメント
9	3	4 ②c)～③	理論分布と標本分布(2項分布～F分布)	9	8	3	地球温暖化シミュレーション
10	3	5 ②a)	QC手法(x̄−R管理図演習)	10	8	4，5	ISO14000シリーズ規格
11	3	5，②b)～e)	管理図1(x̄−R管理図演習の解説とpn管理図演習)	11	9	1，2	シックスシグマ経営
12	3	5，② f)～③	管理図2(pn管理図の解説と管理図の見方)	12	9	3，4	6σの重要な考え方(COPQ，CTQ，VOC，DMAIC)
13	4	1，2	新QC七つ道具	13	9	5，6	6σ活動
14	4	3，4	抜取検査，品質保証	14	10		今後の展開

＊本文中の演習内容をホームワークや課題にすることで，回数の調整も可能である。

コマ分をピックアップし，半期科目としての組み立ても可能であろう。なお，15回目は，まとめや試験に当てていただければよいし，本文中にない演習問題を適時取り入れることで，調整することが可能である。

　また，数式が苦手である場合は，1章－2章－5章－6章－7章－8章－9章－10章を先に読み，その後，興味が湧いたら，3章－4章に挑戦していただいても構わない。さらに，品質管理技法に興味を持てば，ぜひとも中級者や上級者向けの品質管理関連の書物に挑戦していただきたいし，品質マネジメントシステムなどの具体的な要求事項や経営品質賞の詳細な審査基準へと進んでいただきたい。

演習問題

1　日本の戦前から設立されている小型電器製品関連の製造業において，戦後の歴史（社史）を調べ，サラソン，プロッツマン，デミング，ジュランなどの人物の貢献についてどのように記載されているかを調べよ。

2　日本の自動車産業では，社史などで，デミングの貢献がどのように記載されているかを調べよ。

引用・参考文献

[1]　メアリー・ウォルトン（石川馨監訳）『デミング式経営』プレジデント社，1987年

[2]　土屋守章『経営品質と経営戦略』日本経営品質学会，2002年

[3]　https://www.juse.or.jp/deming

[4]　吉田耕作『アメリカにおけるデミング博士の足跡』品質管理，Vol.45，No.5，pp.11-14，1994年

[5]　吉田耕作『ジョイ・オブ・ワーク－組織再生のマネジメント－』日経BP社，2005年

[6]　森俊治編『現代工業経営学』有信堂，1982年
[7]　谷津進，宮川雅巳『品質管理』朝倉書店，1988年

QCの意義

1　QCの定義

　QCについては，今までに数多くの定義がなされているが，ここでは，代表的なものを紹介しておく。

〈1950年・デミングの定義〉
　「SQCは，最大に有用かつ市場性のある製品を最も経済的に生産するために，生産の全段階に統計的手法を適用することである。
　すなわち，消費者の要求する品質に合致した製品を製造するために計画・設計し（plan），製造し（do），加工された製品が消費者の要求品質に合致しているかどうかチェックし（check），不具合，不合格の原因系を究明し，対策をとり（action），企業体質の向上に結びつけることを意味している。」
　デミングの定義では，SQCを通して，今日PDCAサイクルとして用いられるPlan-Do-Check-Actionの4つのステップを確実に実行することで，企業体質の向上につながることが記されている。このPDCAサイクルは，QCに限らず，重要なプロセス管理の概念である。

〈1951年・ファイゲンバウム（A. V. Feigenbaum）の定義〉

　「TQCとは，顧客に十分な満足を与えるような品質の製品を最も経済的な水準において生産できることをねらって，企業内のすべての部門が行う品質の維持と品質改善への努力を，総合的に調整して，有効な働きをさせるシステムをいう。」

　ファイゲンバウムの定義にあるTQCは，日本のTQCの考え方とは異なっている。後にデミングは，日本のTQCという呼び方は，ファイゲンバウムの定義にみられるTQCと混同するために，別の呼び方にする方が良いと述べている。そのため，後で述べる日本工業規格による定義では，「全社的品質管理（Company-wide Quality Control；CWQC）または総合的品質管理（TQC）」と述べている。これは，全社的品質管理をTQCと呼称する方が多く，CWQCという呼称は馴染まなかったからであろう。なお，日本のTQCの考え方は，次のジュランの定義に影響を受けている。

〈1954年・ジュランの定義〉

　「QCとは，品質仕様を設定し，これを実現するためのあらゆる手段の全体であり，SQCとはそれらの方法の中で，統計的手法に基礎づけられた部分をいう。」

　ジュランは，デミングの統計的手法を用いるQC概念よりも大きな立場でQCを定義した。この概念が，日本のQCの捉え方に影響を与えたと考えられる。そのため，次の日本産業規格（Japanese Industrial Standars；JIS）による定義では，日本のTQCに対する考え方が反映されている。

〈1981年・JIS Z8101の定義（1999年廃止，ISO 9000へ）〉

「買手の要求に合った品質の品物またはサービスを経済的に作り出すための手段の体系。

品質管理を略してQCということがある。

近代的な品質管理は，統計的な手段を採用しているので，特に統計的品質管理ということがある。

品質管理を効果的に実施するためには，市場の調査，研究・開発・製品の企画，設計，生産準備，購買・外注，製造，検査，販売およびアフターサービスならびに財務，人事，教育など企業活動の全段階にわたり，経営者をはじめ管理者，監督者，作業者など企業の全員の参加と協力が必要である。このようにして実施される品質管理を全社的品質管理（CWQC）または総合的品質管理（TQC）という。」

以上のようにして，日本のTQCの考え方は，デミングやジュランのQCの定義に大きな影響を受けて，日本の経営の中で溶け込んでいくことで，独自の概念として形成していった。

② 品質と管理

ジュランは，品質を「製品あるいはサービスがそのユーザの欲求を満足させる度合い－使用適合性（fitness for use）－である」と定義している。今日では，顧客満足という言葉が広く用いられるようになったが，1950年代のQCの考え方の中に，すでに品質を通して，顧客満足を図る概念が存在していたのである。

この使用適合性を高めるためには，以下の設計品質と製造品質の両者を確保することが必要である。

① **設計品質**(Quality of Design)

設計図，製品仕様書などに定められた通りに作られた製品の品質で，ねらいの品質ともいう。

設計品質では，例えば，自動車について考えた場合に，個人が気軽に通勤などの交通手段として利用するようなパーソナル・カーや家族を対象としたファミリー・カー，高所得者をターゲットとした高級車，荷物運搬などの商用車などとその「ねらい」は様々である。設計品質では，すべての車が高級な部品を使用することがねらいではなく，用途やターゲットに応じて設計をする品質のことを表す。

② **製造品質**(Quality of Conformance)

設計品質を実際に製品として製造する際の品質で，適合の品質，でき

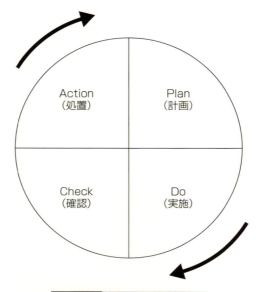

図2-1 デミングサイクル

ばえの品質ともいう。

　品質という言葉からは，この製造品質のことを思い浮かべるであろう。先の設計品質で，ねらわれた品質通りに，実際に完成しているか，適合しているか，できばえはどうかという品質を表している。

　さて，QCにおける管理とは，デミングのQCの定義にもあったPlan-Do-Check-Action（PDCAサイクル，デミングサイクル，シューハートサイクル）の各ステップをくり返し確実に果たすことによって，品質の維持と改善を効率よく実現していくことをいう（図2-1）。

③ 品質と経済性

　企業にとってコストは重要な問題である。QCは，品質が上がれば，コストは下がるという基本思想がある。これは，次のようにして説明することができる。

　不良品は，その品質特性が規格からはずれたものであり，不良品が増えると不良による損失コストが増大する。一方，不良による損失コストを低減させるためには，そのための投資が必要となり，不良を低減すればするほどコストが増大する。ここで，総コストが，不良による損失コスト，不良低減のためのコストおよび不良率に関係しないコストから算出されるとすれば，図2-2のような関係で示すことができる。この図で明らかなように，最も経済的な製造品質のレベル，すなわち総コストが最小となる不良率p_0が存在する。

　QCは，まず不良率p_0を維持することで，総コストが最小となるように品質を管理（まさにコントロールする）し，PDCAサイクルを回すことによって，QC活動を行い，QCのレベルを向上させ，不良低減のためのコストを図中の破線のように変えていくことである。したがって，不

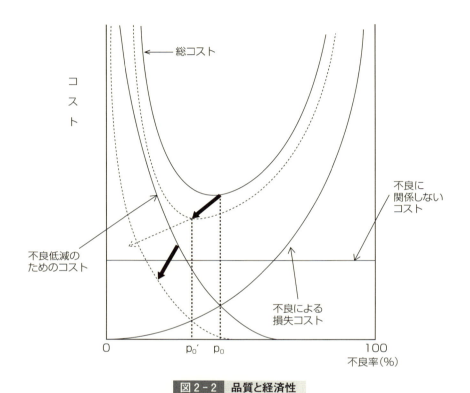

図2-2　品質と経済性

良率p_0は不良率p_0'となり（品質が向上），その結果，総コストも下がる。このようなQC活動を継続的に行えば，最終的にpは0に近づき，かつ総コストはさらに最小となり，最終的には，不良率に関係しないコストに近づく。

　このように，総コストを最小とすることを目標に，不良率を0に近づけるようなQC活動を推進することが必要である。ここに，低価格で高品質な仕組みが存在することを理解することができるであろう。

第2章 QCの意義　19

4 日本のQCの特徴

1960年代から1980年代までの日本のQCの特徴についてまとめれば，次の6点をあげることができる。

① TQC
② QCのための教育訓練
③ QC監査
④ 統計的手法の活用
⑤ QCサークル（QC Circle）
⑥ 全国的QC活動の推進

ここでは，これらの特徴について概括しよう。

① TQC

TQCは，1960年頃から，製品やサービスの品質を維持し，不良品をなくすための管理活動として導入され，日本製品の品質向上に貢献してきた。TQCは，社長から作業員に至るまで，全員参加のQCで，研究，開発，設計，生産技術，製造，購買，営業，経理，人事，総務など全部門参加のQCである。TQCを導入するためには，

① トップが理解する
② QCスタッフを現場へ浸透させる
③ QCサークルに頼りすぎない
④ マクロのQCを目指す
⑤ TQCは，身近なものであると自覚させる

ことが重要である。

また，TQCを進めていくためには，

① 新製品開発がタイムリーに行える

② 品質保証体制が確立している

③ 営業活動が自信を持って行える

④ QCサークル活動が活発に行える

ことが必要である［1］。

② **QCのための教育訓練**

TQCに対する理解を深めるため，マネジメントレベル別に教育訓練が行われる。例えば，社長には，TQC推進のための必要な知識を習得するために，トップマネジメント層には，管理者として必要なTQCの基本的な知識，考え方を習得するために，ミドルマネジメント層では，TQCの考え方，統計的手法を習得し，QCの推進担当者となるために，ロアーマネジメント層では，QC手法を身につけさせ，QC的発想が養われるような教育訓練が行われる。

③ **QC監査**

例えば，TQCの導入，推進を図っていくために，社長に企業の実態を知ってもらい，どこに企業の体質を改善する部分があるかを確認し，実施し，その効果を把握することをねらいとして，各部門長から各部門の実態の報告や改善事項，維持継続事項などの報告を行う社長監査やトップマネジメント層による監査，ミドルマネジメント層による監査などがある。

④ **統計的手法の活用**

第3章や第4章で述べるような統計的手法が大いに活用されている。

⑤ QCサークル活動

QCサークル活動は，同じ職場内でQC活動を自主的に行う小集団である。この小集団は，TQC活動の一環として，自己啓発，相互啓発を行い，QC手法を活用して，職場の管理，改善を継続的に全員参加で行う。

QCサークルの基本理念は，TQC活動の一環としての理解のもとに，

　　人間の能力を発揮し，無限の可能性を引き出す

　　人間性を尊重して，生きがいのある明るい職場をつくる

　　企業の体質改善・発展に寄与する

ことである。

この活動は，小集団活動であるが，全員で知恵を出し合って，改善提案を積極的に行い，事故の再発を防ぎ，自主管理により不良を最小限に止め，日常生活をグループとして喜び合うことのできる活動であり，世界的にも驚異の眼差しで見られている [1]。この活動は，第6章や第9章で述べるその後のアメリカでのQCの展開に大きな影響を与えた。

⑥ 全国的QC活動の推進

QCと標準化の普及浸透のために行われる標準化と品質管理大会 (National Meeting of QC and Standardization)，QC大会 (QC Conference for Manager and Staff)，トップマネジメントQC大会 (QC Conference for Top Management) そして，デミング賞，QCサークル活動のためのQCサークル大会 (QC Circle Conference) など，全国的にQC活動を推進するための行事が開催されている。

演習問題

1　デミング賞とは何か。
2　Q月間やQ旗（Quality Flag）について調べよ。
3　日本のTQCの問題点を述べよ。

引用・参考文献

[1]　朝香鐵一編『品質管理』日本規格協会，1980年

第3章

QC七つ道具

1 データの要約

　QC活動を行う場合は，まずデータを収集する必要がある。しかしながら，集めたデータをただ眺めているだけでは，その特徴を見出すことはできない。例えば，ここに100個の部品があって，この部品の寸法を計測すれば，100個の測定値データが得られる。しかし，100個の測定値データは，数値の羅列であって，ここからその特徴を捉えることは難しい。そこで，データを収集した後，これらのデータの特徴を見出すために，データを要約する必要がある。そして，データの要約には，図を用いて要約する場合と量を用いて要約する場合とがある [1]（図3-1）。

```
図的要約 ─┬─ 1変数の場合…ヒストグラム等
          └─ 2変数の場合…散布図等

量的要約 ─┬─ 中心を表す要約値…平均値，中央値等
          └─ ばらつきを表す要約値…平方和，分散，標準偏差，範囲等
```

図3-1　データの要約

以下，一般的な議論を行うために，n 個の計量値データをx_1, x_2, …, x_nとする。

図的要約については，3節のQC七つ道具（Seven QC Tools）の説明で述べることにし，量的要約は，代表的なものを示せば，次のようになる。

① 分布の中心を表す要約値

データの分布の中心を表す要約値には，代表的なものとして，平均値（mean）や中央値（median）などがある。

$$平均値 \quad \bar{x} = \frac{x_1 + x_2 + \cdots + x_n}{n} = \frac{1}{n}\sum_{i=1}^{n} x_i$$

中央値　$\tilde{x}$

　　データを大きさの順に並べたとき，

　　データ数が奇数個であれば，中央に位置するデータの値

　　データ数が偶数個であれば，中央に位置する2つのデータの平均値

中央値は，データが極端に異なるような値の混在する場合に用いられる。例えば，ある会社の従業員の平均年収が，700万円であったとする。しかしながら，実際には，ほとんどの従業員が年収400万円以下で，ある従業員のみが1億円の年収をもらっていた場合，平均値は1億円という大きな数に引き寄せられてしまうことになる。このように，中央値は，ある特殊な事情による大きな値や小さな値の混在によって，分布の中心が大きな値の方向や小さな値の方向に引き寄せられずに，分布の中心を要約したい場合に用いられる。

② 分布のばらつきを表す要約値

データの分布のばらつきを表す要約値には，代表的なものとして，平方和（sum of squares），分散（variance），標準偏差（standard deviation）や範囲（range）などがある。

平方和　$S=\sum_{i=1}^{n}(x_i-\bar{x})^2=\sum_{i=1}^{n}x_i^2-\frac{1}{n}\left(\sum_{i=1}^{n}x_i\right)^2$

分　散　$V=\dfrac{S}{n-1}$

平方和 S を n で割る分散もあり，これと区別するためにn-1で平方和 S を割る分散を不偏分散（unbiased variance）と呼ぶ。また，n-1のことを自由度（degree of freedom）と呼ぶ。自由度は，例えば，100個のデータから平均値を計算した場合，99個のデータは自由に変動することができるが，100個目のデータは，平均値を確定するために変動することができない。このため，平均値を確定するために変動することのできないデータを除いて，自由に変動することのできるデータのみで，すなわち自由度で割ることで，ばらつきの要約値とすることが好ましい。

標準偏差　　$SD=\sqrt{V}=\sqrt{\dfrac{S}{n-1}}$

範　　囲　　$R=x_{max}-x_{min}$

ただし，x_{max}はデータの最大値，x_{min}はデータの最小値である。

> **演習問題**
>
> 1 次の5つのデータの平均値，中央値，平方和，分散，標準偏差，範囲を求めよ。
>
>   3.9   3.7   3.8   3.3   3.5

② 統計的な考え方

　統計学（statistics）の言葉と概念が確立したのは17世紀頃で，国勢調査を研究する手法として，ラテン語の "statisticum（状態・国家）" に由来して，発達してきた。その後確率論を取り入れ，19世紀末から20世紀初頭にかけてゴルトン（Galton），エッジワース（F. Y. Edgeworth），ピアソン（K. Pearson）等によって体系的に整理された [2]。この時代の統計学は，データをうまく要約して，数学的に記述することが中心で，「記述統計学（Descriptive Statistics）」あるいは「古典統計学」と呼ばれている。

　その後，統計学は，イギリスのロンドン郊外にあるローザムステッド農事試験場の統計技師であるフィッシャー（R. A. Fisher）が，1925年に "Statistical Methods for Research Workers" を刊行し，これによって新しい考え方へと急激に変革し，急速に普及することになった。

　フィッシャーは，農事試験を行ううちに，「実験や試験は，非常に多くの例からなる，ある理想的な集団の標本にすぎない」ということに気がついた。例えば，100個の部品の寸法の計測は，部品という大きな集団の中から得られるわずか100個の標本の寸法を計測しただけであって，

決して部品全体という大きな集団をすべて要約したのではない。したがって，標本から得られた要約値である例えば，平均値5.4cmや標準偏差1.0cmという値は，わずか100個の集団の要約値であって，部品全体という大きな集団の要約値ではない。

　ところが，本当に知りたい要約値は，標本の要約値ではなく，部品全体という大きな集団の要約値の方である。この場合，部品全体の大きな集団を「母集団（population）」と呼び，そこから得られた100個の部品を「標本（sample）」と呼ぶ。すなわち，本来ならば母集団全部を計測したいが，無限個ともいえる母集団の計測は不可能に近く，標本を抽出する（sampling）ことで，もとの母集団を推測すると考えるのである。

　したがって，フィッシャーが考えた新しい統計学は，「母集団から標本を抽出し，標本を計測することによってデータを採取し，このデータの要約値からもとの母集団の要約値を確率的に推測し，それによって母集団を支配する確率的法則である確率分布を推測する」ことである。このような統計学は，「推測統計学（Inductive Statistics）」あるいは「近代統計学」と呼ばれている。そして現在では，単に「統計学」といえば「近代統計学」つまり「推測統計学」を指す。

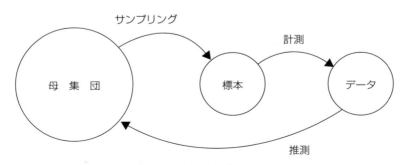

図3-2　統計的な考え方

	母　数	統計量
平　均　値	μ	$\bar{x}$
中　央　値	なし	$\tilde{x}$
分　　　散	σ^2	V
標　準　偏　差	σ	SD
範　　　囲	なし	R

表3-1　母数と統計量

　なお，標本から母集団の確率的法則を推測するためには，標本は母集団の正しい標本となるように十分考慮されなければならない。そのため「無作為抽出（randam sampling）」という方法が開発された。

　以上をまとめると図3-2のようになる。

　また，母集団の確率的法則に対しては，母数（parameter：パラメータ）と呼ばれる要約値があり，母平均や母分散などがこれに対応し，標本を計測したデータの要約値は統計量と呼ぶことで区別する（表3-1）。そして，母集団を構成するデータの数を大きさ（size：サイズ）と呼びNで表し，標本の大きさにはnを用いる。

　ところで，「母集団を支配する確率的法則である確率分布を推測する」ためには，確率分布について検討する必要がある。これらに関しては，4節で考えることにし，これまでの知識でQC七つ道具（Quality Control 7 Tools）を検討できるため，次節では，QC七つ道具について述べ，図的要約についても次節の中で検討する。

③　QC七つ道具

　日本において，QCが普及した背景には，誰もが使える改善のための手法をまとめたことにある。日本にSQCが入ってきたときに，統計と

いう言葉に誰もが尻込みをしたに違いない。しかしながら，尻込みするような統計的手法を，QC七つ道具という誰もが知っているグラフと単純な計算で，問題解決ができる道具としてまとめ上げた点に，QCが日本に普及浸透した大きな要因であると言えるだろう。

ところで，七つ道具という言葉を日本人はよく口にするが，これは牛若丸と弁慶の時代に，弁慶の所持していた七つの道具に由来していると言われている。弁慶の活躍は，義経記や平家物語等に詳しいが，弁慶の七つ道具として後世に言い伝えられているものは，「鐵熊手（てつくまで）」，「大槌（おおづち）」，「大鋸（おおのこぎり）」，「鉞（まさかり）」，「つく棒」，「さすまた」，「もじり」である。以後，企画作成の七つ道具であるとか，受験生の七つ道具など，七つの道具は，私たちの親しみやすい言葉として根づいている。

QC七つ道具は，①チェックシート，②ヒストグラム，③パレート図，④特性要因図，⑤層別，⑥散布図，⑦グラフ・管理図である。なお，層別は，手法ではなく，データを扱うときの共通の考え方であるとして，七つ道具から除く場合がある [3]。その場合は，グラフと管理図とをそれぞれひとつの手法とする。ここでは，順に，七つ道具について説明しよう。

①　チェックシート

チェックシート（Check Sheet）は，データが簡単にとれ，しかもそのデータが整理しやすいように，また点検・確認項目がもれなく合理的

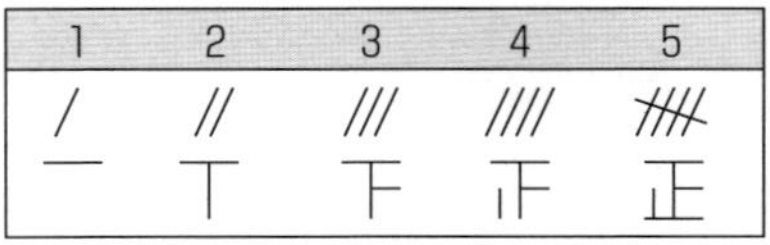

1	2	3	4	5
/	//	///	////	////
一	丅	下	正	正

図3-3　マークの付け方

不良項目調査用チェックシート				点検用チェックシート		
不良項目	4月1日	4月2日		点検項目	4月1日	4月2日
打ちキズ	//// //	////		液の量	✓	✓
擦りキズ	///	////		異　音	✓	✓
寸法違い	//// /	///		回転数	✓	✓
…	…	…		…	…	…

図3-4　チェックシート例

にチェックできるように，あらかじめ設計してあるシートのことである。

　チェックシートには，不良項目調査用，不良要因調査用，度数分布調査用，欠点位置調査用などというように，データ採取用に利用されるチェックシートと点検・確認のために用いられるチェックシートがある。

②　ヒストグラム

　ヒストグラム（Histogram）は，データの存在する範囲をいくつかの区間に分け，各区間に入るデータの出現度数を数えて度数表を作り，これを図にしたものである。第1節で述べた1変数の場合の代表的な図的要約である。

　ヒストグラムによって，分布の形，データの中心，データのばらつきなどを把握することができ，そこから必要な処置を取ることができる。以下ヒストグラム作成の手順を述べる。

　手順1）データを集める。

　改善や管理のために，調査や研究の対象となる工程から，通常50〜200個のデータを採取する。

　手順2）データの最小値と最大値を求める。

　採取されたデータの中から最大値（x_{max}）と最小値（x_{min}）を見つける。

第3章　QC七つ道具　　31

表3-2　区間の数を決める目安	
データ数 n	区間の数 k
50~100	6~10
100~250	7~12
250以上	10~15

　手順3）区間（class）の数を求める。

　区間の数（k）を求めるためには，通常表3-2に示す値を目安とするか，データの大きさ（n）の平方根（$\sqrt{n}$）に近い整数を用いる。

　手順4）区間の幅を決める。

　区間の幅は，

$$区間の幅 = \frac{最大値 - 最小値}{区間の数}$$

とし，この値（c）を測定単位（測定の最小の刻み）の整数倍になるように丸める。

　手順5）区間の境界値を決める。

　区間の最初の下側境界値は，

$$最小値 - \frac{測定単位}{2}$$

とし，上側境界値は，この下側境界値に区間の幅（c）を加える。以下順に，区間の幅を加えて，最大値を含む区間までくり返す。

　手順6）区間の代表値（中心値）を求める。

$$区間の代表値 = \frac{区間の上側境界値 + 区間の下側境界値}{2}$$

手順7）度数分布表を作成する。

得られたデータを，どの区間に入るか分類して（図3-3の度数マーク"/, //, ///, ////, ╫╫, ･･･"あるいは，「正」の字を用いる），度数分布（Frequency Distribution）表を作成する。

手順8）ヒストグラムを作成する。

度数分布表から，ヒストグラムを作成する。規格値があれば，規格値を図に記入し，データ数の他に平均値，標準偏差などもわかれば記入しておく。

手順9）分布の形，位置，ばらつきなどについての情報を読みとる。

演 習 問 題

2　次のデータは，ある工程から1日にランダムに4個ずつ抜き取った製品の寸法を測定したものである（単位：mm）。これらのデータを用いて，空欄を埋めながらヒストグラムを作成し，情報を読みとれ。なお，この製品の指定寸法は78.20mm，社内規格は±0.30mmである（パーソナル・コンピュータの表計算ソフトを用いても構わない）。

日付	時　　間				日付	時　　間			
	9時	11時	14時	16時		9時	11時	14時	16時
1	77.84	78.04	78.08	77.90	14	78.00	78.36	78.12	78.02
2	78.10	78.28	78.14	78.04	15	78.18	78.16	78.12	78.10
3	78.30	78.20	78.08	78.18	16	78.16	78.12	77.98	78.12
4	78.26	78.20	78.14	78.16	17	78.08	78.00	77.88	78.04
5	78.24	78.14	78.04	78.12	18	77.96	78.00	77.92	78.06
6	78.32	77.96	78.20	77.98	19	78.10	78.48	78.10	78.46
7	78.44	78.12	78.20	78.06	20	78.08	77.98	77.98	78.18
8	78.16	78.06	78.18	78.14	21	78.12	78.22	78.10	78.02
9	78.14	78.00	77.86	78.08	22	77.94	77.96	78.04	78.10
10	78.06	78.16	78.08	78.14	23	78.26	78.28	78.22	78.56
11	78.06	78.18	78.02	78.06	24	78.02	78.16	78.10	78.12
12	78.42	78.38	78.04	78.12	25	78.24	78.08	78.14	78.18
13	78.10	78.14	78.12	78.08					

手順1）データは，100個採取した。

手順2）$x_{max} =$ 　　　　　, $x_{min} =$

手順3）区間の数 $k =$

手順4）区間の幅 $c =$

手順5）最初の区間の下側境界値＝

　　　　最初の区間の上側境界値＝

手順6），7）度数分布表の作成

区　間	代 表 値	度 数 マ ー ク	度　数
～			
～			
～			
～			
～			
～			
～			
～			
～			
～			

手順8）ヒストグラムの作成

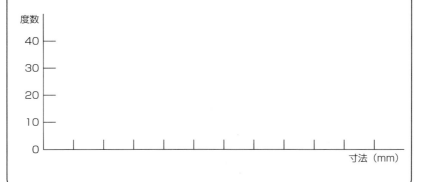

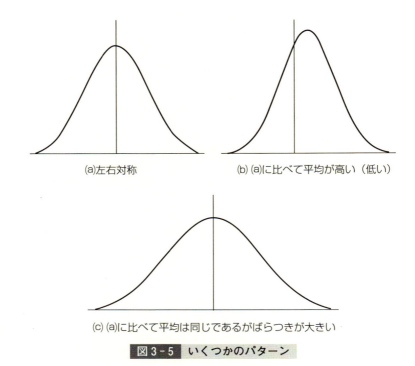

(a) 左右対称
(b) (a)に比べて平均が高い（低い）
(c) (a)に比べて平均は同じであるがばらつきが大きい

図3-5　いくつかのパターン

　さて，ヒストグラムが作成されれば，ここから情報を読みとらなければならない。
　例えば，図3-5において，(a)の形は理想的である。これに対して(b)は，平均がずれているので，技術的に容易に平均値を調整できるのであれば，規格の中心に平均値を持ってくるようにする。また，(c)は，(a)に比べてばらつきが大きい。この場合，工程を改善するなどして，ばらつきを小さくすべきである。この他にも，正（負）のゆがみが生じる場合や2つの山が生じるような場合がある。ゆがみに対しては，規格の中心に平均値を持っていくとともに，ばらつきを小さくするような対策が必要である。また2つの山が生じる場合は，⑤で述べる層別を行う必要が

ある。

　さらに，上限規格や下限規格のある場合は，規格内に収まっていることが必要であるが，規格限界に余裕がない場合などは，少しでも工程に変化があると不良品が発生するので，ばらつきを小さくする必要がある。

③　パレート図

　不良について，どんな不良が，どんな場所に，あるいはどんな場合にどのくらい発生したかを頻度，件数，量の多い順に示した棒グラフと折れ線グラフをパレート図（Pareto Diagram）という。

　1897年にイタリアの経済学者パレート（V. Pareto）は，所得の分布が人によって不均等であることを式で示し，1907年にアメリカの経済学者ローレンツ（M. O. Lorenz）は，これと同様のことを図解法で表した。そして，アメリカのジュランは，この図解法を応用し，不良項目を不良品数や損失金額の大きさの順で並べ，不良品数や損失金額の大部分はごくわずかの不良項目によって占められることを示した。

　パレート図を用いることにより，効率よく不良低減を行うことができる。すなわち，少なくなった不良の低減は技術的にも困難であり，仮にゼロとなってもそれほどの効果が得られないのに対して，順位の高い不良の低減は予想外に容易であり，その低減効果が大きく，重点的に低減するための不良をつきとめることができる。これをパレートの原則という。パレート図は，QC七つ道具の中で最も使用頻度が高い手法である。「パレートをやっている」とか「パレートでいこう」などと親しみをこめて使われている　[4]。

　パレート図の作成手順は次の通りである。

　手順1）分類項目を決め，データを集める。

　手順2）データを大きさの順に並べ替える。

手順3) 累積数，パーセンテージ，累積パーセンテージを計算する。

手順4) 分類項目ごとに，データの大きさの順に，棒グラフを作成する。

手順5) 累積折れ線グラフを作成する。

手順6) 取り上げた特性，データ数，データの採取期間，記録者，作成者などの必要事項を記入する。

演習問題

3　1時限目の講義時間に遅れないためには，8時に家を出て，8時50分までに登校し，講義開始の9時までの10分間を，前回の講義の復習や今回の講義の予習に備えた余裕時間に当てることは，たいへん理想的である。しかしながら，8時に家を出ようとしてもなかなか実行することはできない。その主要な原因を突き止めるために，2カ月間にわたって遅刻要因調査チェックシートでデータを採取した。そのときの結果が次の表である。このデータから空欄を埋めることで，パレート図を作成し，遅刻再発防止のための対策を考えよ。なお，データには重複した件数が含まれているため，2カ月間で86回も遅刻したのではないことを付言しておく（パーソナル・コンピュータの表計算ソフトを用いても構わない）。

項　　　　目	件数	累積件数	件数%	累積件数%
新聞を読む（10分以上要した場合）	45			
トイレ使用中のため	20			
目覚し時計が鳴らない	10			
服装に手間取る	4			
自転車の故障	2			
その他	5			
合　　　計	86	86	100	100

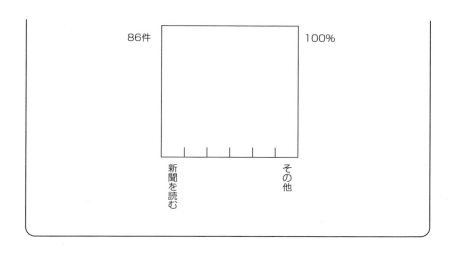

　パレート図では,「不良品数や損失金額の大部分は,多くの項目のうちのごくわずかな項目によって占められている」という考え方をとる.そして,「不良品数や損失金額のわずかな多くの項目」を多数軽微項目(Trivial many)と呼び,「少数の問題となる項目」を少数重点項目(Vital few)と呼んで,多数軽微項目よりも少数重点項目を選び,パレートの原則に従い,少数重点項目を解決するための処置を考えることになる[3].なお,パレートの原則から,「不良全体の80%は,20%の原因に由来する」,「売上の80%は,全商品の20%が作る」,「売上の80%は,全顧客の20%によるものである」といった解釈をされることもあり,これらは80対20の法則,8:2の法則,80-20ルールなどと呼ばれたりもしている.

　パレート図は,QC以外に,在庫管理で行われるABC分析などにも活用されている.ABC分析では,一般に,上位から70〜80%をAクラス,80〜90%をBクラス,90〜100%をCクラスとして,在庫品目の管理を行うもので,Aクラスの品目の重点管理が行われる.この他に,生産管理

ではPQ分析（Product Quantity Analysis），物流・倉庫管理ではIQ分析（Item Quantity Analysis）と呼ばれることがある。また，販売管理・マーケティング分野でも利用され，売上ゼロの商品をZ（あるいはD）としてABCZ分析（ABCD分析）と呼ぶ場合がある。

④　特性要因図

　問題とする特性と，それに影響を及ぼしていると思われる要因との関連を整理して，「魚の骨（fish born）」のような図にまとめたものを特性要因図（Cause and Effect Diagram）という。特性要因図は，創案者の東京大学名誉教授石川馨の名をとって，「イシカワ・ダイアグラム」とも呼ばれる [4]。

　特性要因図は，不良やばらつきの低減のための要因探索から，実験などを計画するときの要因の摘出にいたるまで幅広く活用される。また，特性と要因との関係だけでなく，結果と原因，目的と手段などの関係の整理にも有効に使われる。

　以下，特性要因図作成の手順を示す。

　手順1）対象とする特性を決め，要因として想定されるものを思いつくまま列挙する。

　要因の列挙には，ブレーンストーミング（Brainstorming）が有効である。ブレーンストーミングは，1939年にオズボーン（A. F. Asborn）が提唱した方法で，4つの原則（①批判厳禁，②自由奔放，③量を求む，④結合改善）がある。

　手順2）列挙された要因から，重複しているもの，明らかに不適当なものを除き，残った要因をひとつずつカードに記入し，要因カードを作成する。

　手順3）要因カードをいくつかのグループに1次分類して，そのグ

ループを代表する要因名を決め，これもカードに記入する。

　手順4）対象とする特性を大きな紙の右端に書き，これに向かって左から太い矢線を引き，その上下に1次分類ごとに要因カードを配置し，さらに，2次，3次と分類しながら，線で結んで特性要因図を完成させる。

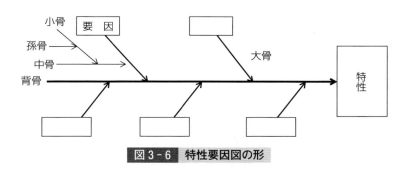

図3-6　特性要因図の形

演習問題

4　A教授のK学の講義は，火曜日の1時限目であり，特に後期に入ってから遅刻をする学生が増えてきて困っている。そこで，A教授は，遅刻を特性にして特性要因図を作成することにした。この特性要因図を作成するため，受講生を5〜10人程度のグループに分け，グループ内でブレーンストーミングを行うことにした。授業に遅刻してしまう特性要因図を作成せよ。

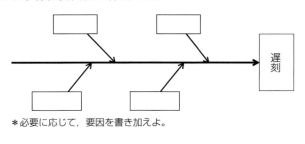

＊必要に応じて，要因を書き加えよ。

⑤ 層別

特性要因図にあげられた要因のうち，どれが真の原因であるのかは，要因によってデータを層別（Stratification）して，差異があるかどうかを調べることで特定できる。通常，差異があるかどうかを調べるために，統計的検定を行うが，層別したグラフやヒストグラムからも概略の結論を得ることができる。

このように，層別は，母集団を何らかの特徴でいくつかの層に分けることをいう。

⑥ 散布図

対になった2つの計量値のデータを2次元平面上にプロットして得られる図を散布図（Scatter Diagram）という。散布図上の点の散らばり方によって，相関関係の有無を知ることができる。散布図は，1節で述べた2変数の場合の代表的な図的要約である。この散布図の手順は，次の通りである。

手順1）データを取る。

関係を知りたい2つの変量について，対応のあるデータを取る。データ数は，50組以上が望ましい。

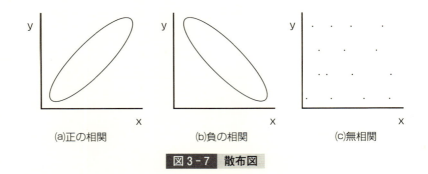

図3-7 散布図

手順2） 縦軸に特性，横軸に要因として，2次元平面を作る。

手順3） データをプロットする。

散布図から，図3−7のような(a)正の相関，(b)負の相関，(c)無相関の
いずれであるかを読みとる。

演習問題

5 次の要因xと特性yのデータから散布図を作成せよ（パーソナ
ル・コンピュータの表計算ソフトを用いても構わない）。

No.	x	y	No.	x	y	No.	x	y	No.	x	y
1	10.1	3.02	14	9.9	3.03	27	9.8	3.00	40	10.3	3.02
2	9.5	2.93	15	10.3	2.98	28	10.8	3.07	41	9.9	3.00
3	9.9	2.98	16	10.0	2.97	29	9.9	3.01	42	9.1	2.90
4	9.6	2.97	17	10.0	2.99	30	9.4	2.95	43	10.2	3.00
5	9.6	2.96	18	10.5	3.03	31	10.3	3.04	44	9.6	2.98
6	10.1	3.00	19	10.0	2.98	32	10.4	3.01	45	10.6	3.02
7	10.4	3.04	20	10.6	3.04	33	10.3	3.00	46	10.4	3.03
8	9.4	2.94	21	10.9	3.08	34	9.4	2.92	47	9.9	2.99
9	10.1	3.01	22	9.5	2.96	35	9.8	2.96	48	9.8	2.97
10	10.2	3.03	23	10.2	2.99	36	10.2	3.02	49	10.8	3.05
11	9.7	2.94	24	10.3	3.01	37	9.9	3.01	50	10.0	3.00
12	9.7	2.95	25	10.0	3.01	38	10.3	3.03			
13	9.8	2.98	26	9.4	2.93	39	10.6	3.06			

相関関係は，相関係数（Correlation Coefficient）を計算することでも明らかにすることができる。2つの変量のn個のデータをx_i，y_i（i＝1，2，…，n）とすると，相関係数r_{xy}は，

$$r_{xy} = \frac{\frac{1}{n}\sum_{i=1}^{n}(x_i - \bar{x})(y_i - \bar{y})}{\sqrt{\frac{1}{n}\sum_{i=1}^{n}(x_i - \bar{x})^2} \times \sqrt{\frac{1}{n}\sum_{i=1}^{n}(y_i - \bar{y})^2}}$$

として求めることができる。r_{xy}が1に近いほど正の相関関係が，－1に近いほど負の相関関係が強くなる。また，0に近いほど相関関係がない（無相関）ことになる。

⑦　グラフ・管理図

グラフには，棒グラフ，折れ線グラフ，面グラフ，円グラフ，帯グラフ，およびレーダーチャートなどがある。グラフを描くことにより，より多くの情報を図的に要約して，視覚的に捉えることにより，正確にものごとの判断が行える。ここでは，グラフの種類による特徴をまとめておく。

①　棒グラフ

いろいろな量の大きさを，棒の長さを用いて表したもので，数量の大小関係をみるのに有効である。

②　折れ線グラフ

時間の変化にともなう数量の変化の状態（データの推移）を図示するときに有効である。

③　面グラフ

折れ線の下側を面として強調することにより，データの時間的な変化を図示するときに有効である。

④　円グラフ

円全体を100%とみて，各部分の比率を円の扇形の面積で表すことで，全体と部分，部分と部分の割合をみるのに用いる。

⑤　帯グラフ

分類項目の割合が，時間的変化によってどのように変わるのかをみるのに適している。

⑥　レーダーチャート

分類項目の構成比の大きさや，分類項目間のバランスをみたいときに用いる。

また，点の動きが単なるばらつきなのか，異常値なのかを区別するための判定基準を入れた折れ線グラフを管理図といい，現状の維持や工程の管理に用いられる。管理図についての詳細は，第4章で説明する。

④ 統計的方法に用いられる分布

ここでは，推測統計学の考え方に基づき，母集団を支配する確率分布について整理しておく。確率分布から得られる変数を確率変数と呼び，Xで表すことにする。また，確率分布は，確率変数の実現する値が計量値（連続値）か計数値（離散値）かによって，それぞれ連続分布，離散分布と呼ばれる分布になる。

①　確率分布

a）　離散分布

離散分布は，確率変数 X がとる値 x_i とその確率関数 $P(x_i)$ により記述される。すなわち，$P(X=x_i)=P(x_i)$ であり，

$$\sum_i P(x_i) = 1$$

が成り立つ。例えば、1～6までの目がある正六面体のサイコロでは、x_i=「i番の目」、i=1，2，$\cdots$，6とすれば、

$$P(x_i) = \frac{1}{6}, \quad \sum_{i=1}^{6} P(x_i) = 1$$

となる。

　b）　連続分布

　前節で述べたヒストグラムにおいて，縦軸の度数を「データ数×区間の幅」で割り，区間の幅を限りなく小さく，データ数を限りなく多くとれば，ヒストグラムの面積は1，ヒストグラムの輪郭は滑らかな曲線になる。この曲線を確率密度関数（Probability Density Function）と呼び，$f(x)$で表記する。連続分布は，この確率密度関数$f(x)$により記述される。すなわち，確率変数Xが，$a<X\leqq b$となる確率が，

$$P(a<X\leqq b) = \int_a^b f(x)dx$$

で与えられる。$f(x)$は，すべてのxに対して$f(x)\geqq 0$であり，

$$\int_{-\infty}^{\infty} f(x)dx=1$$

が成り立つ。

　c）　確率分布の期待値と分散

　第1節で述べた量的な要約値には，分布の中心を表す平均値や分布のばらつきを表す分散があった。母集団の確率分布に対しても，中心やば

らつきを表す指標がある。

確率分布の中心を表す指標は，確率変数Xの期待値であり，E（X）で表記する。このとき，離散分布では，

$$E(X) = \sum_i x_i P(x_i)$$

と x_i に対して，確率P（x_i）がウェイトとなるウェイトつき平均である。また，連続分布では，

$$E(X) = \int_{-\infty}^{\infty} xf(x)\,dx$$

となり，第2節の表3-1の記号を用いれば，E（X）= μ （母平均）である。

確率分布のばらつきを表す指標は，確率変数Xの分散であり，V（X）で表記する。第2節の表3-1の記号を用いれば，V（X）= σ^2 （母分散）であり，

$$V(X) = E\{X - E(X)\}^2$$
$$= E(X^2) - \{E(X)\}^2$$

となる。また，母標準偏差は，

$$D(X) = \sqrt{V(X)}$$

である。

② **理論分布**

a） 正規分布

正規分布（Normal Distribution）は，重量，寸法などの計量値の分布として用いられ，連続分布の中では最も重要である。1733年にド・モアブル（A. de Moivre）が最初に考え出した分布で，その後ガウス（C. F. Gauss）が，この分布を測定誤差の見地から詳細に研究したため，ガウス分布と呼ばれることもある [5]。

正規分布の確率密度関数は，

$$f(x) = \frac{1}{\sqrt{2\pi}\,\sigma} \exp\left\{-\frac{(x-\mu)^2}{2\sigma^2}\right\}$$

で与えられる。ここで，π は，円周率3.14159265358979323846264338 3279…である。オランダのライデン大学（Universiteit Leiden）のルドルフ・ファン・ケーレン（Ludolph van Köin）は，円周率を35桁まで出す（1610年）のに生涯を費やした。ルドルフの功績を称えて，ドイツでは長く，π をルドルフ数（Ludolphsche Zahl）と呼んでいた。円周率

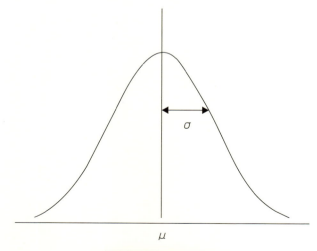

図3-8　正規分布

の表現の歴史は，何千年にもわたり，世界中で計算されてきた。現在は，スーパコンピュータによる計算が行われている。また，expは，exponential（指数）の3文字をとる指数関数で，exp（x）=e^xすなわち，自然対数の底 e となる。なお，正規分布の期待値はE（X）=μ，分散はV（X）=σ^2である。

正規分布は，その平均値μと標準偏差σが与えられれば完全にその形が定まる。したがって，平均値μ，標準偏差σの正規分布をN（μ，σ^2）と略記する。

b）標準正規分布

正規分布で特に，母平均0，（母）標準偏差1の分布を標準正規分布（Standard Normal Distribution）と呼ぶ。確率変数Xが，N（μ，σ^2）にしたがうとき，

$$U = \frac{X - \mu}{\sigma}$$

と変換すれば，Uは平均値0，標準偏差1の標準正規分布N（0，1^2）にしたがう確率変数となる。

このとき，確率変数Uの実現値を u とすれば，標準正規分布の確率密度関数は，

$$\phi(u) = \frac{1}{\sqrt{2\pi}} \exp\left(-\frac{u^2}{2}\right)$$

で与えられる。正規分布は，最も頻繁に利用されるため，詳しい数表が作られている。正規分布におけるμとσの組み合わせは無数に存在するので，標準化のための変換を行えば，標準正規分布に対する分布表を準

備しておけば十分である。そこで，N（0，1^2）の分布関数P（U≦u）を

$$\Phi(u) = \int_{-\infty}^{u} \phi(t)dt$$

とすれば，1－Φ（u）の値は，数表に与えられている。すなわち，

$$\varepsilon = \int_{k_\varepsilon}^{\infty} \phi(u)du$$

である。このK_εとεの関係から数表を用いて，様々な確率を求めることができる。これらの数表を巻末に示しておく。

演 習 問 題

6　N（50，10^2）にしたがう確率変数Xの値が，65よりも大きくなる確率を求めよ（計算には，巻末の付表を用いよ）。

7　N（μ, σ^2）において，次の確率を求めよ。また，これらを図示せよ（計算には，巻末の付表を用いよ）。

1）$\mu - \sigma \leq x \leq \mu + \sigma$

2）$\mu - 2\sigma \leq x \leq \mu + 2\sigma$

3）$\mu - 3\sigma \leq x \leq \mu + 3\sigma$

c) 2項分布

2項分布は，不良率pの無限母集団からランダムに大きさnのサンプルを取り出すとき，n個中に不良個数がxである確率$P(X=x)$として用いられる。この分布は，nとpによって定まる離散分布であり，$B(n, p)$と略記する。2項分布の期待値は$E(X)=np$，分散は$V(X)=np(1-p)$である。

$$P(X=x) = {}_nC_x\, p^x (1-p)^{n-x}$$

ここで，${}_nC_x$はn個の中からx個を取り出す組み合わせの数である。

$$_nC_x = \frac{n!}{x!(n-x)!}$$

なお，xの階乗x!は

$$x \times (x-1) \times \cdots \times 1$$

のことである。

演習問題

8 不良率$p=0.05$の工程から抜き出した大きさ$n=20$のサンプルをとったとき，不良品が5個現れる確率を求めよ。

2項分布は，母集団の大きさNが無限に大きなときに成り立つもので，これが有限であると超幾何分布（Hypergeometric Distribution）となる。しかし，母集団が十分に大きければ，近似的に2項分布にしたがうものとして計算しても大きな問題はない。

d) ポアソン分布

ポアソン分布は，2項分布$B(n, p)$において，$np=\lambda$（一定）と

したままで，$n \to \infty$（すなわち，$p \to 0$）としたときの極限を考えるとき
に得られる分布である。この分布は，λ だけで定まる離散分布で，期待
値 $E(X) = \lambda$，分散 $V(X) = n\lambda$ となる。

$$P(X=x) = \frac{\lambda^x}{x!} e^{-\lambda}$$

ポアソン分布は，単位長さ，単位面積当たりのキズの数など，めった
に起こらない事象が，多数回の試行の結果生じた回数の分布として用い
られる。

ポアソン分布は，一般に $P(X=x)$ が求められれば，$P(X=x+1)$ は，
次式で求めることができる。

$$P(X=x+1) = P(X=x) \times \frac{\lambda}{x+1}$$

演習問題

9 　ある標識を印刷する工程で，インキ中の泡による白点が，1枚に
平均1.5個発生している。白点の分布がポアソン分布にしたがうも
のとして，白点のないものは，どのくらいあるか。また5個以上発
生したものは，どのくらい見込まれるか。なお，$0! = 1$，$a^0 = 1$
を用いよ。

---

③　標本分布

n個のデータが得られたとき，その平均値 $\bar{x}$ や平方和 S は，「n個の
データをとって $\bar{x}$ や S を計算すること」を無限回くり返したときに得
られる無限個の $\bar{x}$ や S の集団からの大きさ1のサンプルであると考え
られる。したがって，無限個の $\bar{x}$ や S の分布を考える必要がある。

a） 平均値 $\bar{x}$ の分布

N $(\mu,\ \sigma^2)$ から大きさ n のランダムサンプルの平均値 $\bar{x}$ の分布は，期待値はE $(\bar{x})=\mu$，分散はV $(\bar{x})=\dfrac{\sigma^2}{n}$ であり，この分布は，N $(\mu,\ \dfrac{\sigma^2}{n})$ となる。また，

$$U = \frac{\bar{x}-\mu}{\dfrac{\sigma}{\sqrt{n}}}$$

と変換すれば，N $(0,\ 1^2)$ にしたがう。

b） 平方和 S の分布

N $(\mu,\ \sigma^2)$ から大きさ n のランダムサンプルの平方和 S の分布は，期待値はE $(S)=(n-1)\ \sigma^2$，分散はV $(S)=2(n-1)\ \sigma^4$ となる。このとき，

$$\chi^2 = \frac{S}{\sigma^2}$$

は，自由度 f = n - 1 のカイ 2 乗分布と呼ばれる分布にしたがう。

c） χ^2 分布

χ^2 分布（Chi-squared Distribution）は，自由度と呼ばれる定数 f = n - 1（> 0）を定めることによって，ただひとつ定まる分布である。自由度 f の χ^2 分布にしたがう変数を χ^2 とすると，期待値はE $(\chi^2)=$ f，分散はV $(\chi^2)=2$ f となる。

d） t 分布

N $(\mu,\ \sigma^2)$ から大きさ n のランダムサンプルの平均値 $\bar{x}$ の分布は，N $(\mu,\ \dfrac{\sigma^2}{n})$ にしたがった。これを標準化した

$$U = \frac{\bar{x} - \mu}{\sqrt{\dfrac{\sigma^2}{n}}}$$

は，N（0，1^2）にしたがった。ここで，$\sqrt{\dfrac{\sigma^2}{n}}$ の代わりに $\sqrt{\dfrac{V}{n}}$ を代入したものを t とおくと，すなわち，

$$t = \frac{\bar{x} - \mu}{\sqrt{\dfrac{V}{n}}}$$

は，自由度 f ＝ n － 1 の t 分布（t – Distribution）にしたがう。この分布は，アイルランドのギネスビールに勤務していたゴセット（W. S. Gosset）が研究していたが，会社が公表を禁止していたため，Student というペンネームで発表したそうである。このペンネームは，ゴセット自身が，師ピアソンのStudentであるという意味であったと考えられている。ペンネームの統計学者の登場は，一種ロマンティックな雰囲気をもたらしていた [5]。そのため，単に t 分布と呼ばずに，Studentの t 分布と呼ばれることが多かった。

　自由度 f の t 分布は，f が大きくなるにつれてN（0，1^2）に近づき，f ＝∞のとき，N（0，1^2）に一致する。また，t 分布の期待値はE（t）＝ 0，分散はV（t）＝ $\dfrac{f}{f-2}$ である。

　　e）　F分布

　それぞれ独立な χ_1^2，χ_2^2 が，それぞれの自由度 $f_1 = n_1 - 1$，$f_2 = n_2 - 1$ の χ^2 分布にしたがうとき，

$$F = \frac{\dfrac{\chi_1{}^2}{f_1}}{\dfrac{\chi_2{}^2}{f_2}}$$

は，自由度 f_1，f_2 の F 分布（F − Distribution）と呼ばれる分布にしたがう。自由度 f_1，f_2 の F 分布の期待値は $E(F) = \dfrac{f_2}{f_2 - 2}$ $(f_2 > 2)$，分散は $V(F) = \dfrac{2 f_2{}^2 (f_1 + f_2 - 2)}{f_1 (f_2 - 2)^2 (f_2 - 4)}$ $(f_2 > 4)$ である。

5 管理図

① 管理図とは

工程で製造される製品の品質や人の行った仕事の結果の良否を判断するなどの特性値には，必ず，ばらつきが生じる。製品や仕事の品質にばらつきを与える原因は数多く存在するが，これらの原因は，次の2つに分類することができる [6]。

① 偶然原因（chance causes）によるばらつき

原材料，作業方法など，関係者が技術的に十分検討したうえで決められた標準通り作業を行っても，なおかつ生じるやむを得ないばらつきのこと。

② 見逃すことのできない（assignable cause）ばらつき

工程に何か異常が起こって，例えば作業標準を守らない，または標準類が不備であるために生じる異常原因によるばらつきのこと。

したがって，偶然原因によるばらつきは，これを維持し，見逃すことのできないばらつきがあれば，その異常原因をみつけて除去し，二度と同じ原因によるばらつきが発生しないように的確な処置をとることが必

要である。

　管理図（Control Charts）は，工程を管理または解析するための道具として，工程の異常を検出することを目的に，1924年シューハートにより考案された。管理図には，1本の中心線と，その上下に1対の管理限界線（control limit lines）が引かれる。これらを合わせて管理線と呼ぶ。また，管理限界の設定には3シグマ法を用いる（第3章第4節の演習7）。

　管理図の種類を，表3-3に示す。ただし，計量値の管理図は，データの特性により，$\bar{x}$-R管理図，$\tilde{x}$-R管理図，x-$\bar{x}$-R管理図，x-R$_s$管理図など組み合わせて用いられる。計数値の管理図は，単独で用いられる。また，管理図を作成するためには，表3-4の管理限界用係数が用いられる。

表3-3　管理図の種類

計量値の管理図	計数値の管理図
R管理図（範囲の管理図）	p管理図（不良率の管理図）
$\bar{x}$管理図（平均値の管理図）	pn管理図（不良個数の管理図）
$\tilde{x}$管理図（メジアンの管理図）	u管理図（単位当たりの欠点数の管理図）
x管理図（個々のデータの管理図）	c管理図（欠点数の管理図）

表3-4　管理限界用係数

群の大きさn	A_2	D_3	D_4	d_2	d_3	m_3A_2
2	1.880	—	3.27	1.128	0.853	1.880
3	1.023	—	2.57	1.693	0.888	1.187
4	0.729	—	2.28	2.059	0.880	0.796
5	0.577	—	2.11	2.326	0.864	0.691
6	0.483	—	2.00	2.534	0.848	0.549
7	0.419	0.076	1.92	2.704	0.833	0.509
8	0.373	0.136	1.86	2.847	0.820	0.432
9	0.337	0.184	1.82	2.970	0.808	0.412
10	0.308	0.223	1.78	3.078	0.797	0.363

② 管理図の作成

管理図の種類によって，管理線の引き方は多少異なるが，その描き方，見方は同じなので，ここで$\bar{x}$–R管理図の手順を述べ，他の種類は，管理線のみを示すことにする [7]。

　a）　$\bar{x}$–R管理図

管理対象の品質特性が計量値の場合に用いられ，主に工程を解析するために用いられる。$\bar{x}$–R管理図の手順は，次の通りである。

手順1）現在の工程と同じと考えられる工程からデータ（100個以上が望ましい）を集める。

手順2）群内がなるべく均一となるように，同一ロット，同一製造日，同一組などのデータをひとつの群として分ける。群の大きさ（n）は2〜10（通常2〜5）を用いる。

手順3）群ごとの平均値$\bar{x}$と範囲Rとを計算する。$\bar{x}$は，測定値より1桁下までを求めておく（2桁下まで計算し，2桁目を丸める）。

手順4）総平均$\bar{\bar{x}}$および範囲Rの平均値$\bar{R}$を計算する。$\bar{\bar{x}}$，$\bar{R}$は測定値より2桁下までを求めておく。

手順5）管理線を計算する。

$\bar{x}$管理図

　　中心線（Central Line ; CL）：$CL = \bar{\bar{x}}$

　　上部管理限界線（Upper Control Limit ; UCL）：$UCL = \bar{\bar{x}} + A_2 \bar{R}$

　　下部管理限界線（Lower Control Limit ; LCL）：$LCL = \bar{\bar{x}} - A_2 \bar{R}$

R管理図

　　$CL = \bar{R}$

　　$UCL = D_4 \bar{R}$

$$\text{LCL} = D_3 \overline{R} \quad (n \leqq 6 \text{ のときは引かない})$$

手順6）管理線を引く。

$\overline{x}$ 管理図を上に，R管理図を下に並べ，縦軸に $\overline{x}$ とRの値を目盛り，横軸に群番号を目盛る。UCLとLCLの間隔は20〜30mmにとる。CLは実線（－），UCLは破線（- - -），LCLは一点鎖線（－・－）を用いる。

手順7）管理図上に各群の $\overline{x}$ とRの値をプロットする。

$\overline{x}$ には，「・」，Rには「×」を用いるなどして両者を区別する。横軸の間隔は2〜5mmとする。また，管理限界線を出た点は「○」で囲むことで区別する。各点は，群番号の順に実線で結ぶ。

手順8）必要事項を記入する。

群の大きさnや工程名，製品名，管理特性，期間，測定方法，作成者名などを記入する。

演習問題

10 次のデータは，ある工程から1日にランダムに4個ずつ抜き取った製品の寸法を測定したものである（単位mm）。$\overline{x}$ -R管理図を作成し，考察を行え。なお，この製品の指定寸法は78.20mm，社内規格は±0.30mmである。

日付	時間				日付	時間			
	9時	11時	14時	16時		9時	11時	14時	16時
1	77.84	78.04	78.08	77.90	14	78.00	78.36	78.12	78.02
2	78.10	78.28	78.14	78.04	15	78.18	78.16	78.12	78.10
3	78.30	78.20	78.08	78.18	16	78.16	78.12	77.98	78.12
4	78.26	78.20	78.14	78.16	17	78.08	78.00	77.88	78.04
5	78.24	78.14	78.04	78.12	18	77.96	78.00	77.92	78.06
6	78.32	77.96	78.20	77.98	19	78.10	78.48	78.10	78.46
7	78.44	78.12	78.20	78.06	20	78.08	77.98	77.98	78.18
8	78.16	78.06	78.18	78.14	21	78.12	78.22	78.10	78.02
9	78.14	78.00	77.86	78.08	22	77.94	77.96	78.04	78.10
10	78.06	78.16	78.08	78.14	23	78.26	78.28	78.22	78.56

第3章 QC七つ道具 57

11	78.06	78.18	78.02	78.06	24	78.02	78.16	78.10	78.12
12	78.42	78.38	78.04	78.12	25	78.24	78.08	78.14	78.18
13	78.10	78.14	78.12	78.08					

　各群の $\bar{x}$ とRとを計算し，CL，UCL，LCLを計算した後に，管理図を完成させる（パーソナル・コンピュータの表計算ソフトを用いても構わない）。

群	$\bar{x}$	R	群	$\bar{x}$	R
1			14		
2			15		
3			16		
4			17		
5			18		
6			19		
7			20		
8			21		
9			22		
10			23		
11			24		
12			25		
13			合計		

$\bar{x}$ 管理図のCL=　　　　　　　　R管理図のCL=

　　　　　UCL=　　　　　　　　　　　UCL=

　　　　　LCL=　　　　　　　　　　　LCL=

$\bar{x}$ 管理図

78.4

78.2

78.0

77.8

25

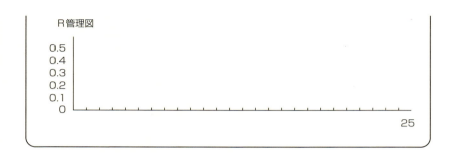

b) $\tilde{x}$ -R管理図

$\tilde{x}$ は，$\bar{x}$ のように計算する必要がほとんどないので，現場で用いるのに便利である。主に管理用として用いられる。

$\tilde{x}$ 管理図の管理線

$\quad$ CL = $\bar{\bar{x}}$
$\quad$ UCL = $\bar{\bar{x}}$ + $m_3 A_2 \bar{R}$
$\quad$ LCL = $\bar{\bar{x}}$ − $m_3 A_2 \bar{R}$

c) x管理図

1）データを群分けして管理限界線を求める方法：x-$\bar{x}$ -R管理図

$\quad$ CL = $\bar{\bar{x}}$
$\quad$ UCL = $\bar{\bar{x}}$ + $E_2 \bar{R}$
$\quad$ LCL = $\bar{\bar{x}}$ − $E_2 \bar{R}$

2）移動範囲から管理限界線を求める方法：x-R_s管理図

まず，データを時間の順に並べ，移動範囲（moving range）R_sを求める（一般にn = 2の移動範囲を求める）。

$\quad R_{si} = |x_i − x_{i+1}| = |$（第 i 番目のデータ）−（第 i + 1 番目のデータ）$|$

次に，管理線を次のように計算する。

x 管理図

$$CL = \overline{x}$$
$$UCL = \overline{x} + E_2 \overline{R_s} \quad (n = 2 \text{のとき，} E_2 = 3 \div d_2 = 2.659)$$
$$LCL = \overline{x} - E_2 \overline{R_s} \quad (n = 2 \text{のとき，同様にして} E_2 = 2.659)$$

R_s 管理図

$$CL = \overline{R_s}$$
$$UCL = D_4 \overline{R_s} \quad (n = 2 \text{のとき，} D_4 = 3.27)$$
$$LCL = D_3 \overline{R_s} \quad (n = 2 \text{のとき，引かない})$$

d） p 管理図（propotion chart）

不良率 p を管理特性として用いる管理図であり，群の大きさ n が一定でなくても使用できる。不良率に限らず 2 項分布型の分布にしたがう計数値に適用できる。

$$不良率（p） = \frac{不良個数（pn）}{検査個数（n）}$$

$$CL = \overline{p}$$
$$UCL = \overline{p} + 3\sqrt{\frac{\overline{p}(1 - \overline{p})}{n_i}}$$
$$LCL = \overline{p} - 3\sqrt{\frac{\overline{p}(1 - \overline{p})}{n_i}}$$

（LCLがマイナスになった場合は，引かない）

e） p n 管理図（number of nonconforming items chart）

不良個数そのものをプロットする管理図であり，群の大きさ n が一定

の場合に用いる。

$$CL = \bar{p}\,n$$

$$UCL = \bar{p}\,n + 3\sqrt{\bar{p}\,n\,(1 - \bar{p})}$$

$$LCL = \bar{p}\,n - 3\sqrt{\bar{p}\,n\,(1 - \bar{p})}$$

演 習 問 題

11　次のデータから pn 管理図を作成し，考察を行え。

群番号	群の大きさ n	不良件数（pn）		群番号	群の大きさ n	不良件数（pn）	
		南支店	北支店			南支店	北支店
1	200	11	2	16	200	14	5
2	200	9	5	17	200	8	5
3	200	7	6	18	200	9	6
4	200	12	1	19	200	8	5
5	200	8	2	20	200	3	2
6	200	9	7	21	200	6	4
7	200	6	8	22	200	5	3
8	200	15	0	23	200	26	2
9	200	6	3	24	200	3	5
10	200	11	5	25	200	8	4
11	200	21	5	26	200	9	5
12	200	13	3	27	200	7	8
13	200	24	4	28	200	20	2
14	200	8	7	29	200	6	6
15	200	3	7	30	200	8	2
				合計	6,000	303	129

　　各支店の $\bar{p}$ を各々計算し，CL，UCL，LCL を各々計算した後に，次の各支店ごとの管理図を完成させる（パーソナル・コンピュータの表計算ソフトを用いても構わない）。

　　　　南支店の $\bar{p}$ =　　　　　　　北支店の $\bar{p}$ =
　　　　　　CL=　　　　　　　　　　　　CL=
　　　　　　UCL=　　　　　　　　　　　UCL=
　　　　　　LCL=　　　　　　　　　　　LCL=

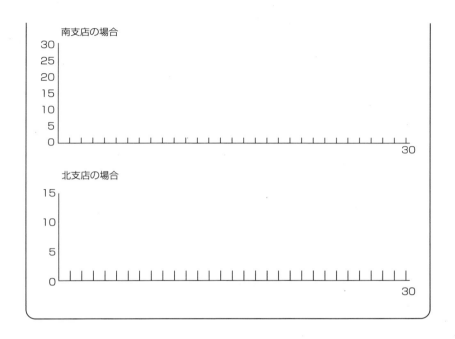

f) u管理図 (count per unit chart)

　キズ，織りムラなどの製品に現れる欠点数を管理特性とする場合に用いられる。この管理図は，電線の長さ，織物の面積などが試料ごとに異なるとき，すなわち群の大きさnが一定でないときに用いられる。

$$単位当たり欠点数（u）= \frac{欠点数（c）}{単位の数（n）}$$

$$CL = \bar{u}$$

$$UCL = \bar{u} + 3\sqrt{\frac{\bar{u}}{n_i}}$$

$$LCL = \bar{u} - 3\sqrt{\frac{\bar{u}}{n_i}}$$

g） c管理図（count chart）

u管理図と同様，欠点数を特性値とする管理図であり，群の大きさn が一定のときに用いられる。

$$CL = \bar{c}$$

$$UCL = \bar{c} + 3\sqrt{\bar{c}}$$

$$LCL = \bar{c} - 3\sqrt{\bar{c}}$$

③ 管理図の見方

管理図は，工程が管理状態にあるか否かを判断するのに用いられる。したがって，異常が発見された場合には，ただちにその原因を調査し，対策をとることが必要である。

a） 管理状態の判定

管理状態とは，「工程から得られる管理特性のデータがすべて同一母集団からのランダムサンプルと見なし得る状態」として定義することができる。具体的には，

①　点が管理限界線外に出ていないこと。

②　点の並び方，散らばり方にクセがないこと。

の2点を満足している場合，工程は管理状態と見なされる。

b） 管理状態の異常

管理状態に異常があると考えられるのは，次のような場合である [3]。

①　管理限界外

②　連続7点以上が中心線よりも一方の側に現れる。

③　連続6点以上が増加（減少）している。

④　14点が交互に増減している。

第3章 QC七つ道具 63

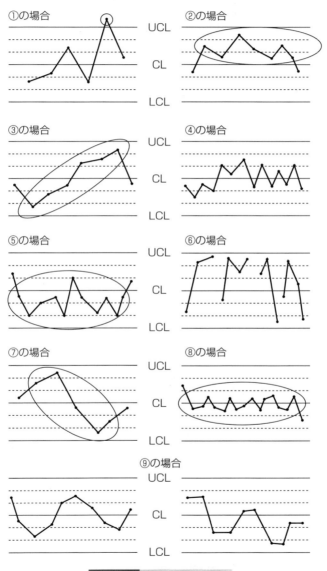

図3-9 管理状態の異常

⑤ 連続11点中10点以上，連続14点中12点以上，連続17点中14点以上，連続20点中16点以上が中心線よりも一方の片側に現れる。

⑥ 管理限界線の近く，すなわち，中心線から管理限界線までの距離の2／3（2σの領域で，警戒限界と呼ばれる）を超えるものが，連続3点中2点現れる。

⑦ 連続5点中，4点が中心線から管理限界線までの1／3を超える領域にある。

⑧ 連続15点が中心線から管理限界線までの1／3領域内にある。

⑨ その他，周期や上昇，下降傾向など，点の並び方に特に顕著なクセのあるとき。

以上を図示すれば，図3-9になる。

演習問題

12 次の特性値には，どのような管理図を適用すればよいか。

1）外観検査員が不良品と選別した，不良品中の良品率

2）ある工場の1カ月当たりの事故発生件数

3）ある工場における機械1台当たりの月単位故障件数

4）製造課内の8人のグループにおける作業ミス件数

13 次のフローチャートに当てはまる管理図を答えよ。

1）計量値の管理図

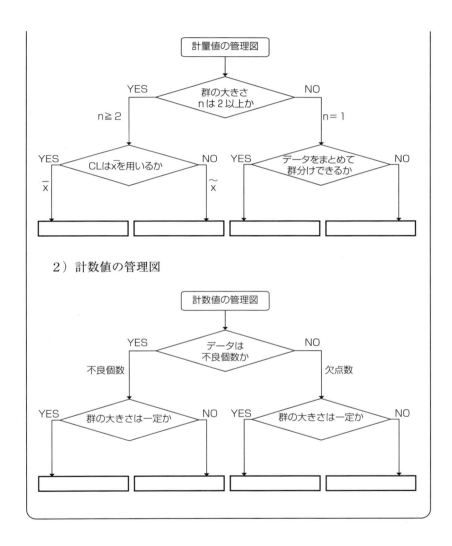

2) 計数値の管理図

引用・参考文献

[1] 谷津進・宮川雅巳『品質管理』朝倉書店, 1988年
[2] 蓑谷千凰彦『推定と検定のはなし』東京図書, 1988年
[3] 細谷克也『QC七つ道具』日科技連出版, 1982年
[4] メアリー・ウォルトン(石川馨監訳)『デミング式経営』プレジデント社, 1987年

[5]　西田俊夫・田畑吉雄『経済・経営の統計学』培風館，1991年
[6]　谷津進・宮川雅巳『品質管理』朝倉書店，1988年
[7]　細谷克也『QC七つ道具』日科技連出版，1982年

Excelを用いるQC七つ道具の作成方法

① チェックシートの作り方

　ファイル（タブ）－オプション－リボンのユーザー設定で，開発をチェックする。

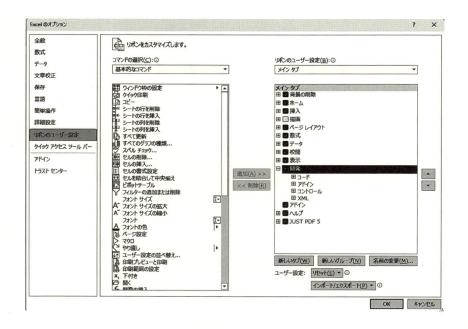

　OKボタンを押して，入力画面で，開発リボン（タブ）－挿入－チェックボックスを選び，シート上に配置する。

チェックボックスのテキストの編集は，チェックボックス上で右クリックし，ドロップダウンメニューを表示させて，テキストの編集（X）を選ぶ。また，移動は，右クリック後に，移動マウスポインターを表示させてマウスで移動する。

② ヒストグラムの作り方（演習問題解答を参照）

データを表形式で入力する。

諸元

測定単位：測定単位は測定されたデータの最小単位で，例えば体重計などでは，一般的には100ｇ刻みであるが，50ｇ単位や200ｇ単位のものがあるため，計測する機械の精度などで変わる。

データ数：データ数のカウントにはCOUNT関数を用いる。

最大値：データの最大値は，MAX関数を用いる。

最小値：データの最小値は，MIN関数を用いる。

区間の数（k）：区間の数は，表3-2を目安とするが，データ数の平方根に近い整数を用いるためSQRT関数を用いてデータ数の平方根を計測値欄で計算し，その整数を決定値に入力する。ROUND関数で桁数（小数点以下何桁かを指定）を０にしてもよい。

区間の幅（c）：区間の幅は（最大値－最小値）÷区間の数（決定値の方）を計測値欄で計算し，測定単位の整数倍に近い数字を決定値に入力する。

第１区間の下側境界値：最初の下側境界値は，最小値－（測定単位÷２）である。

区間

第１区間の下側境界値を先頭に入力し，第 $i+1$ 区間以降は第 i 区間の下側境界値＋区間の幅（決定値（c））（ $i=1 \sim k-1$ ）を計算して最

大値を超えるまで繰り返す。

中心値

第2区間の下側境界値（第1区間の上側境界値となる）の欄から入力を行うが，（区間の下側境界値＋区間の上側境界値）÷2とする。

ヒストグラム

ヒストグラムを作成するために，データ（タブ）−分析ツールを用いる。分析ツールは，オプション設定で表示させるか否かを選択できるため，データ（タブ）の中になければ，ファイル（タブ）−オプション−アドインから，管理（A）：Excelアドイン−設定で，分析ツールのチェックを入れて有効にする必要がある。

入力画面で，データ（タブ）の中に分析ツールがあれば，ヒストグラムを選択する。

・入力元

　入力範囲（I）は，表中のデータの部分の範囲をドラッグして指定する。

　データ区間（B）は，第1区間の下側境界値から第k区間の下側境界値をドラッグして範囲指定する。

　入力範囲（I），データ区間（B）で項目である文字データを含めた場合，ラベル（L）にチェックを入れる。

・出力オプション

　同じシート内にヒストグラムを作成する場合は，出力先（O）にチェックを入れ，任意のセル（データが重ならない空白部分）を指定する。

　新たなワークシートにヒストグラムを作成する場合は，新規ワークシート（P）にチェックを入れる。

　新たなファイルにヒストグラムを作成する場合は，新規ブック（W）にチェックを入れる。

　グラフ作成（C）のチェックボックスにチェックマークを入れる。

・棒グラフの設定

　棒グラフが表示されたら，棒グラフ上で右クリックして，データ系列の書式設定をクリックし，系列オプションを選んで，要素の間隔（W）を0％にする。

　（データ系列の書式設定の塗りつぶしと線から塗りつぶしなし（N）にして，枠線を線（単色）（S）－色（C）で黒とする）

・凡例

　ヒストグラムを選択状態にするとグラフのデザイン（タブ）が表示されるので，グラフ要素を追加－凡例（L）－なし（N）を選ぶか，グラフ上の凡例を選択状態にしてDeleteキーを押すなどして凡例を削除する。

・タイトル・縦軸・項目軸の修正

各ラベルをダブルクリックして修正を行う。

・横軸数値の修正

中心値のデータを一つ上の空欄から一つ下の空欄までを選択状態にして（右クリック−コピー（C）など）コピーを選び，データ区間の先頭で右クリックし，形式を選択して貼り付け（S）を選んで値（V）のみ貼り付ける。

・指定寸法・規格

指定寸法や上限規格，下限規格があれば，挿入（タブ）−図形−線で，線を引き，テキストボックスを使って情報をグラフ上で記入する。

③　パレート図の作り方

件数の大きい項目から順に並び替える。項目，件数，累積比率，累積件数の順にデータを表形式で入力する。

レコード名は含めずに，項目から累積比率までを選択状態にして，挿入（タブ）−グラフ−すべてのグラフで組み合わせを選択する。系列1は集合縦棒，系列2は折れ線を選び，第2軸は系列2の方にチェックを入れOKボタンを押す。

・棒グラフ

棒グラフ上で右クリックして，データ系列の書式設定をクリックし，系列オプションを選んで，要素の間隔を0％にする。

（データ系列の書式設定の塗りつぶしと線から塗りつぶしなし（N）にして，枠線を線（単色）（S）−色（C）で黒とする）

・凡例

ヒストグラムを選択状態にするとグラフのデザイン（タブ）が表示されるので，グラフ要素を追加−凡例（L）−なし（N）を選ぶか，グラ

第3章　QC七つ道具　　71

フ上の凡例を選択状態にしてDeleteキーを押すなどして凡例を削除する。

・第1縦軸の修正

　第1縦軸の数値をダブルクリックすると軸の書式設定が現れるので，軸のオプションの境界値を最小値（N）0，最大値（X）に合計件数を入力する。単位は主（J）に10か5を入力する（データの合計数に応じて数字を変える）。

　補助線をマウスでクリックして選択状態にすると目盛り線の書式設定に変更されるので，線－線なし（N）ボタンを選択する。

・第1横軸の修正

　グラフの下部の第1横軸の項目をダブルクリックし，軸の書式設定で，文字のオプションを選択し，テキストボックスのメニューの中にある文字列の方向（X）を縦書きに変更する。

・第2横軸の追加

　グラフのデザイン（タブ）－グラフ要素を追加－軸（X）－第2横軸（Z）を選択して第2横軸を表示させる。

・第2横軸の修正

　グラフの上部に第2横軸の項目が現れたら，項目をダブルクリックすると軸の書式設定が現れるので，軸のオプションを選択して軸位置を目盛（K）に変更する。次に，目盛のメニューを表示させて，目盛りの種類（J）をなしにする。さらに，ラベルのメニューを表示させてラベル位置（L）のプルダウンメニューからなしを選ぶ。

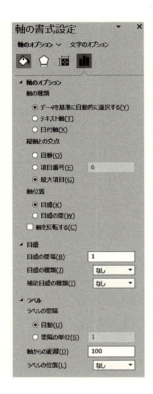

・折れ線グラフ

　折れ線グラフをダブルクリックして，表中にデータの選択範囲が表示されたら，累積比率のデータ範囲を1つ上の項目まで延ばす。次にデータ系列の書式設定で，塗りつぶしと線を選び，マーカー－マーカーのオプション－組み込みを指定して，種類を「●」に変更し，サイズを6とする（種類やサイズは任意に設定してもよいし，線の色やマーカーの色も任意に変更してよい）。

・第2縦軸の修正

　グラフの右端の数値をダブルクリックすると軸の書式設定が現れるので，軸のオプションの境界値を最小値（N）0，最大値（X）1を入力す

第3章 QC七つ道具 73

る。単位は主（J）に0.2などを入力する（データの合計数に応じて数字を変える）。

　表示形式のメニューからカテゴリ（C）のプルダウンメニューからパーセンテージを選択する。

・グラフのプロットエリア

　グラフのプロットエリアをダブルクリックするとプロットエリアの書式設定が現れるので，塗りつぶしと線を選択し，枠線－線（単色）（S）－色（C）で黒とする。

・タイトル・縦軸・項目軸のラベル

　グラフのデザイン（タブ）－グラフ要素を追加－軸ラベル（A）で，第1縦軸（V）で軸ラベルを表示させ，累積件数と書き換える。文字のオプション－テキストボックスで縦書きに変更する。次に，グラフのデザイン（タブ）－グラフ要素を追加－軸ラベル（A）で，第2縦軸（Y）で軸ラベルを表示させ，累積比率と書き換える。文字のオプション－テキストボックスで縦書きに変更する。

・必要事項の記入

　グラフ上にテキストボックスなどでデータ数や採取期間など必要事項を記入する。

④　特性要因図の作り方

　セルのマスを利用すれば，図形を描くときに便利である。

　特性

　挿入（タブ）－図形から正方形／長方形を選択し，右方向に縦長の長方形を描く。

　長方形を選択状態にして右クリックし，テキストの編集（X）で問題の特性を文字で入力する。文字を選択状態にして，フォントサイズを変

更し（18pt（ポイント）程度），文字の色を黒にする。図形の書式（タブ）から図形の塗りつぶしをクリックし，メニューを表示させ，塗りつぶしなし（N）にする。また図形の枠線をクリックし，メニューからテーマの色を黒として，太さ（W）を2.25pt程度にする。

要因

・背骨

挿入（タブ）－図形から線矢印を選択し，左から右方向に長方形まで矢印を描く。

図形の書式（タブ）から図形の枠線をクリックし，メニューからテーマの色を黒として，太さ（W）を4.5pt程度にする。

・大骨

大骨を4M（Man，Machine，Material，Method）で設定する。挿入（タブ）－図形から正方形／長方形を選択し，4箇所に横長の長方形を描く。長方形を選択状態にして右クリックし，テキストの編集（X）で大分類要因を文字で入力する。文字を選択状態にして，フォントサイズを変更し（18pt程度），文字の色を黒にする。図形の書式（タブ）から図形の塗りつぶしをクリックし，メニューを表示させ，塗りつぶしなし（N）にする。また図形の枠線をクリックし，メニューからテーマの色を黒として，太さ（W）を2.25pt程度にする。一つ作成してコピーすることで3つを配置し，文字のみ修正を行うと効率がよい。

挿入（タブ）－図形から線矢印を選択し，大分類要因の長方形から背骨に向かって約60度の角度で矢印を描く。図形の書式（タブ）から図形の枠線をクリックし，メニューからテーマの色を黒として，太さ（W）を3pt程度にする。一つ作成してコピーすることで3つを配置し，ドラッグや方向を変えることで配置すると効率がよい。

・中骨・小骨・孫骨

テキストボックスを使って要因を入力していく。挿入（タブ）－テキストボックス－横書きテキストボックスの描画（H）で配置する。このとき，図形の書式（タブ）から図形の塗りつぶしをクリックし，メニューを表示させ，塗りつぶしなし（N）にする。また図形の枠線をクリックし，メニューから枠線なし（N）を選択する。作成したテキストボックスは，コピー－貼り付け－テキストの修正を行うと効率が良い。

中骨の線矢線は黒で太さ1.5pt，小骨の線矢線は黒で太さ１pt，孫骨の線矢線は黒で太さ0.75ptなどとする。一つ作成してコピーして位置や向きを変更していくと効率が良い。

主要因を丸で囲み（挿入（タブ）－図形から楕円を選択し，塗りつぶしで枠線を黒などとする），作成者，作成日，修正日などの情報を記入しておく。

⑤　散布図の作成と回帰分析への応用

特性として考えられるデータと要因として考えられるデータの表を作成する。

要因が複数存在していても，散布図で描かれるのは同数の特性１つと要因１つの組である。特性と要因を選択状態（Ctrlキーを押しながら操作すると連続していない離れたデータも選択状態にできる）にして，挿入（タブ）－グラフ－散布図を選択する。このとき，特性データと要因データを分けた散布図ではなく，特性データ（Y軸），要因データ（X軸）の組のデータとして表示される散布図を選択する。

グラフのデザイン（タブ）－グラフ要素を追加－軸ラベル（A）で，第１横軸（H）と第１縦軸（V）に軸ラベルを表示させ，それぞれ特性名と要因名を記入する。縦軸の数字や横軸の数字をダブルクリックする

ことで，軸の書式設定で，軸のオプションの境界値の最小値（N）や最大値（X）を変更し，単位の主（J）も見やすいように変更しておく。

データに層別できそうな要因（男性と女性，経験年数の浅深など）があれば層別を行って点の色を変える。

回帰直線

グラフのデザイン（タブ）－グラフ要素を追加－近似曲線（T）－その他の近似曲線オプション（M）で近似曲線の書式設定を表示し，近似曲線のオプション－線形近似（L）を選択（グラフに線が表示される），グラフに数式を表示する（E）をチェックする（グラフに数式が表示される）。

近似曲線の書式設定－塗りつぶしと線で色（C）や実線／点線（D）などを変更することができる。

重回帰分析

データ（タブ）－分析ツール－回帰分析で，回帰分析結果を表示させることができる。

・入力元

入力Y範囲（Y）（目的変数）は，表中の特性と考えられるデータの部分の範囲をドラッグして指定する。

入力X範囲（X）（説明変数）は，要因として考えられるデータの範囲を指定する（複数要因に対応）。

入力Y範囲（Y），入力X範囲（X）で項目名である文字データを含めた場合，ラベル（L）にチェックを入れる。

・出力オプション

同じシート内に回帰分析結果を作成する場合は，出力先（O）にチェックを入れ，任意のセル（データが重ならない空白部分）を指定する。

新たなワークシートに回帰分析結果を作成する場合は，新規ワーク
シート（P）にチェックを入れる。

新たなファイルに回帰分析結果を作成する場合は，新規ブック（W）
にチェックを入れる。

回帰分析結果の見方

重相関と重決定は，目的変数（特性）を説明変数（要因）でどれだけ
説明できるかを評価し，重決定は寄与率を，補正R2×100％で，説明で
きるパーセンテージを表している。

分散分析表の有意Fの値は，重回帰式が意味のあるものかを評価し，
有意水準5％（0.05）（1％や10％などとすることもある）よりも小さ
い数値であれば，重回帰式は棄却されない（成り立つ）と判断される。

説明変数に対するt値からは，母回帰係数が0であるか否かを検討す
ることができる。$t^2＝F>2.00$であれば，母回帰係数≠0となり，係数
は有効と判断できる。母回帰係数≠0と判断されなかった場合は，その
説明変数を除いて重回帰分析を行って重回帰式を求める。

相関係数

相関係数を計算するにはCORREL関数を用いる。

相関分析

複数の相関係数を計算するには，データ（タブ）－分析ツール－相関
を選択する。

⑥　グラフ

データを指定した後に，

棒グラフは，挿入（タブ）－グラフ－縦棒or横棒（2-Dで作成）を
選択する。

折れ線グラフは，挿入（タブ）－グラフ－折れ線（2-Dで作成）を

選択する。

　円グラフは，挿入（タブ）−グラフ−円（2-Dで作成）を選択する。

⑦　管理図

　$\bar{x}$−R管理図のデータ表の作成

　データx_iを入力し，各群の平均値$\bar{x}$（AVERAGE関数）と範囲R（MAX関数−MIN関数）を計算する。全平均値$\bar{\bar{x}}$と範囲Rの平均$\bar{R}$を計算し，管理限界線UCLとLCLを計算する。

　管理図を描くためのデータ表の作成

　$\bar{x}$管理図を描く場合は，$\bar{x}$の値，UCLの値，CLの値，LCLの値をコピーしたデータ表を作成する（UCLの値，CLの値，LCLの値は，各々同じ値が下に並ぶ）。

　R管理図を描く場合は，Rの値，UCLの値，CLの値，LCLの値（群内の数が6以下のときは省略）をコピーしたデータ表を作成する（UCLの値，CLの値，LCLの値（n≦6のときは引かない）は，各々同じ値が下に並ぶ）。

　$\bar{x}$管理図の作成

　$\bar{x}$の値，UCLの値，CLの値，LCLの値を範囲指定して，挿入（タブ）−グラフ−マーカー付き折れ線（2-Dで作成）を選択する。グラフが描かれたら，縦軸の数字をダブルクリック（あるいは右クリックで軸の書式設定を選択）し，軸の書式設定で，軸のオプションの境界値の最小値（N）や最大値（X）をUCLとLCLの近辺で，すべての$\bar{x}$が入る範囲に変更し，単位の主（J）も見やすいように変更しておく。凡例や補助線は削除し，UCL，CL，LCLのマーカーは，線上をダブルクリックするとデータ系列の書式設定が表示されるので，塗りつぶしと線を選び，マーカー−マーカーのオプション−なし（O）に変更する。このとき，

線－色（C）（黒）とし，実線／点線（D）では，UCLは破線（———），CLは実線（—），LCLは一点鎖線（—・—）に変更する。

・必要事項の記入

　グラフ上にテキストボックスなどでUCL，CL，LCLの値などを記入する。また，管理限界外の点については，挿入（タブ）－図形－楕円を使って赤〇で囲んでおく。

　R管理図の作成

　$\bar{x}$管理図と同様にして作成するが，$\bar{x}$管理図の目盛りの間隔と同じ間隔になるように調整を行い，$\bar{x}$管理図の下に並べるように配置し，グラフ上に必要な値を記入し，赤〇囲みも必要であれば追加する。

第4章

QCの手法

1 QC手法

　QCの手法には，第3章で述べたQC七つ道具以外に，新QC七つ道具（Seven management Tools for QC）（①連関図法，②系統図法，③マトリックス図法，④親和図法，⑤アローダイアグラム法（PERT法），⑥PDPC法，⑦マトリックス・データ解析法）や統計的手法として①検定と推定，②実験計画法，③品質工学（タグチ・メソッド），④相関分析，⑤回帰分析，⑥直交多項式，⑦二項確率紙，⑧簡易分析法，⑨多変量解析法，⑩最適化手法の他に，サンプリング法，抜取検査法，官能検査法，信頼性工学（FTA，FMEA，ワイブル確率紙，累積ハザード紙など）やIE（Industrial Engineering）手法，OR（Operations Research）手法，創造性開発手法，QCストーリー（QC Story）など数え上げればきりがないほど存在する。ここでは，新QC七つ道具と抜取検査法をこれらの代表として取り上げる。

②　新QC七つ道具

　新QC七つ道具（New 7 Tools for Quality Control）は，言語データを図として視覚的にわかりやすく整理することで，定性的に問題の解決を目指す七つの手法のことを指す。ここでは，順に，各手法について説明する。

①　連関図法

　連関図（Affinity Diagram）は，原因追究のための連関図と手段追究のための連関図の2種類に分類できる。原因追究のための連関図では，問題（結果）の原因（1次要因）を追究し，次に1次要因（2次要因の結果）の原因（2次要因）を追究するというように，次々に要因を追究していき，原因と結果の関係の構造を明らかにした図である。手段追究のための連関図は，目的（基本目的）を達成する手段（1次手段）を追究し，次にその1次手段（2次手段の目的）を達成する手段（2次手段）を追究するというように，次々に手段を追究していき，目的と手段の関係の構造を明らかにした図である。

　連関図は，中央集中型，一方向集中型，関係表示型，これらの型を応用した型に分類することができる。連関図の作り方は大別して4つのステップに分類され，このステップの順を追って連関図を作成していく。

　1）テーマの決定
　2）要因の検討
　3）因果関係の確認
　4）図の確認

第4章 QCの手法　83

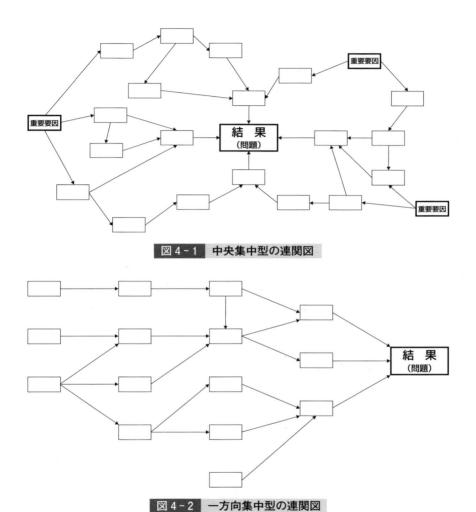

図4-1　中央集中型の連関図

図4-2　一方向集中型の連関図

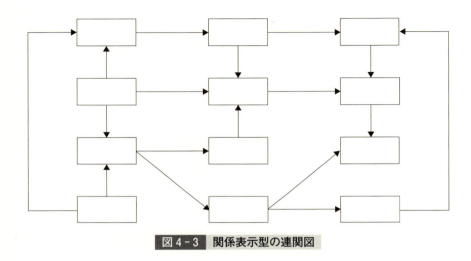

図4-3　関係表示型の連関図

② 系統図法

系統図（Tree Diagram）は，問題解決の方策を得るための方策展開型の系統図と改善対策の中身を明らかにするための構成要素展開型の系統図がある。

方策展開型の系統図は，目的を達成するための手段をもれなく導き出し，その手段を実施するための手段を導き出して，これらを系統的に図に表し，その中から最も有効な手段を選定するために用いられる。

方策展開型系統図の作り方のステップは大別して3つの部分で構成される。

1）目的の明確化
2）手段・方策の展開
3）系統図の確認

構成要素展開型の系統図は，機能系統図，品質系統図および特性要因系統図の3つに分類することができる。

機能系統図は，基本機能に対してその機能を有するための機能を1次

機能とし，1次機能を持つための機能を2次機能として展開していく。

品質系統図は，要求品質に対して，どのような特性が必要かを1次特性とし，その1次特性を持たせるために必要な特性を2次特性として展開していく。

特性要因系統図は，特性要因図を系統図に表したもので，特性を系統図の基本機能の位置に，大骨を1次機能の位置に，中骨を2次機能，…として位置づけたものである。

図4-4　系統図

③　マトリックス図法

マトリックス図（Matrix Diagram）は，行と列に要素を配置し，要素間の交点に関連度合いを示す記号や数値などを記入して整理することで問題解決を図る技法である。マトリックス図には，L型マトリックス，

T型マトリックス，Y型マトリックス図，X型マトリックス，P (Polygon) 型マトリックス，C (Cube) 型マトリックス図などが存在する。

	A	B	C	D	E
1					
2					
3					
4					
5					

図4-5　L型マトリックス

C_4	C_3	C_2	C_1		a_1	a_2	a_3	a_4
				b_1				
				b_2				
				b_3				
				b_4				

図4-6　T型マトリックス

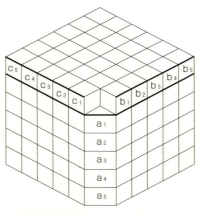

図4-7　Y型マトリックス図

				c_4				
				c_3				
				c_2				
				c_1				
b_4	b_3	b_2	b_1		d_1	d_2	d_3	d_4
				a_1				
				a_2				
				a_3				
				a_4				

図4-8 X型マトリックス

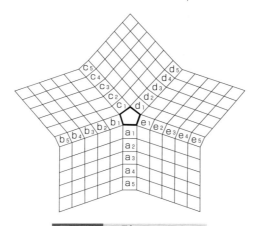

図4-7 P型マトリックス

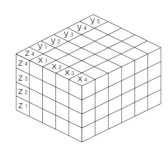

	y_1				y_2				
	z_1	z_2	z_3	z_4	z_1	z_2	z_3	z_4	⋯
x_1									
x_2									
x_3									
x_4									

図4-10 C型マトリックス図とそれを展開したC型マトリックス

④ **親和図法（KJ 法）**

連関図（Relations Diagram）（KJ 法）は，未来の問題や未知・未経験の問題など，混沌としている問題の構造を明らかにして，問題の解決策を導き出す手法である。

解決すべき問題についての事実・意見・発想などを言語データとして相互の親和性によってまとめ親和カードを作成しながら親和図を作成していく。カードを用いてデータを整理する技法で，文化人類学者の川喜多二郎氏がフィールドワークのデータをもとに仮説を組み立てる方法として考案された。川喜多二郎氏のイニシャルから KJ 法と呼ばれている。著作権や登録商標の問題で KJ 法という名称を使えなかったため，新QC 七つ道具では親和図法と呼ばれる。この手順は，次の通りである。

1）問題発起：テーマを決める
2）情報収集：テーマに関する情報を集める．ブレーンストーミングなどの収集技法を用いると効果的である
3）カード作成：アイデアや意見などの1つの情報を1枚ずつカードに記入する
4）グルーピング：共通性があるカードを集めグループ化する
5）見出し作成：グループごとにタイトルをつける
6）図解：テーマやグループごとの関係などを図解する
7）文書化：図解をもとに分析・評価を行い文書化する

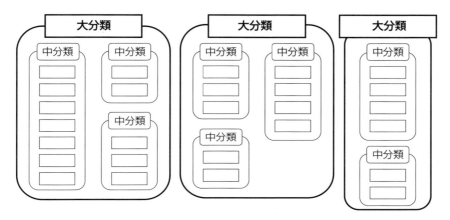

※親和図では，グループ間の関連の内容を，関係あり（線（−）でつなぐ），原因・結果（原因→結果と矢線でつなぐ）の関係，互いに因果関係あり（両矢線（◆──▶）でつなぐ）などを示しておく．

図4-11　親和図

⑤　アローダイアグラム法

アローダイアグラム（Arrow Diagram）は，プロジェクトを推進するための各作業の関係と日程の流れを矢線（アロー）と結合点で表したネットワーク図である．アローダイアグラムを描くことで，重要な作業を明確にし，効率的に日程計画を進めることができ，プロジェクトの進捗状況を管理することができる．

図4-12において○は結合点を表わし，○に隣接する上下の箱は上の箱には最早結合点時刻（結合点に入ってくる作業がすべて終了し，出ていく作業が開始できる状態になる最初の時刻）を，下の箱には最遅結合点時刻（予定通り終了するために出ていく作業を開始することが許される最も遅い時刻）を表わしている．

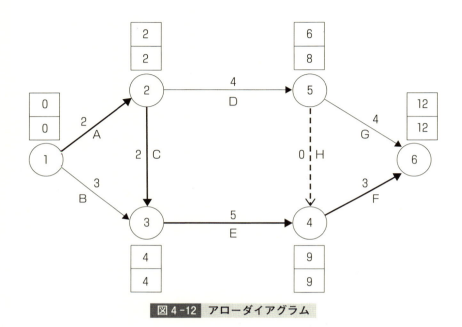

図4-12　アローダイアグラム

⑥ PDPC法

PDPC（Process Decision Program Chart）は，プロセス決定計画図のことで，目標までに想定される事態とその対応計画を図示しておく手法である。この手法は，東京大学工学部教授の近藤次郎が，1968年の東大紛争時に紛争解決のための手法として開発した。

PDPCは，以下の6つの手順で作成・活用を進めていく。

1）目的を決める
2）出発点と目標を決める
3）大まかなルートを作成する
4）想定される事態のポイントを検討する
5）その事態への対策案を検討する
6）作成したPDPCを確認し完成させる

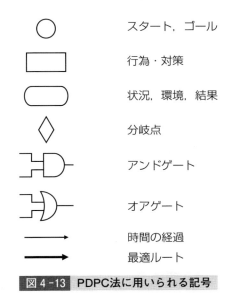

図4-13 PDPC法に用いられる記号

⑦ マトリックス・データ解析法

マトリックス・データ解析(Matrix Data Analysis)は,マトリックス図に配列された数値データを,データ間の相関関係を手がかりにして,それらのデータのもつ情報を一度になるべく多く表現できるような数個の代表特性(主成分)を求めることで,全体を整理する方法である。この方法は,多変量解析法の主成分分析のことである。

マトリックス・データ解析は,以下の6つの手順で進めていく。

1)目的を決める
2)データをマトリックスに整理する
3)固有値から取り上げる代表特性(主成分)を決める
4)因子負荷量から代表特性(主成分)の名前を決める
5)主成分得点の散布図を作成し,考察する
6)活用方法を決める

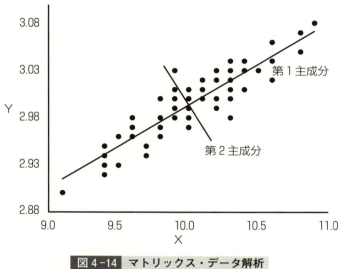

図4-14 マトリックス・データ解析

> **演習問題**
>
> **1** 特性要因図と連関図の相違点を述べよ。
> **2** QCサークル活動における会合の出席率を高めることを目的とした系統図を作成せよ。
> **3** 5～6人のグループで，テーマを設定し，連関図（KJ法）を作成せよ。

③ 抜取検査

① 検査とは

検査（Inspection）の定義は，JIS Z9001：1980（現在は廃止規格，

ISO 9000へ）によれば，「品物をなんらかの方法で試験した結果を，品質判定基準と比較して，個々の品物の良品・不良品の判定を下し，またはロット判定基準と比較して，ロットの合格・不合格の判定を下すこと」である。また，JIS Z8101−2：1999では，「品物またはサービスのひとつ以上の特性値に対して，測定，試験，検定，ゲージ合わせなどを行って，規定要求事項と比較して，適合しているかどうかを判定する活動」としている。さらに，ISO 9000：2000（JIS Q9000）では，「必要に応じて測定，試験またはゲージ合わせを伴う，観察および判定による適合性評価」としている。いずれの定義においても，基準と比較し，適合か不適合か，合格か不合格かの判定を下すことである。

検査の分類は，次のように考えることができる。

① 全数検査（100% Inspection）：保証すべき単位の全数を検査すること。

② 抜取検査：一定のサンプルだけを抜き取って検査すること。

③ 無試験検査：検査しなくても，よいものであることが十分に保証できる根拠のある場合の検査のこと。

演 習 問 題

4 次の語句の意味を考えよ。

1）200％検査

2）300％検査

3）無検査

② **抜取検査**

サンプルの特性値には，ばらつきがあるため，それをもとにロットの合否を判定すると，同一品質のロット（lot）であっても，合格になったり不合格となったりする。そのため，ロットの品質に対して，ロットの合格確率を求め，それを基にして，OC曲線（Operating Characteristic Curve）を描く。この曲線が描ければ，どのくらいの品質のロットが，どのくらいの確率で合格となるかがわかる。

具体的には，サンプル中の不良品数（r）を数え，それが合格判定個数（acceptance number；c）以下のときに合格，合格判定個数を超えた場合（c＋1以上）に不合格とするようなOC曲線を作成する。

演習問題

5 サンプル数（n）を50個として，合格判定個数（c）を3個とした場合のOC曲線を描け（表の点をグラフ上にプロットし，滑らかな曲線になるように結ぶ）。なお，このときの合格確率（L（p））は，次の表の通りである[注]。

p (%)	pn	L(p)
0	0	1.00
2	1.0	0.98
4	2.0	0.86
6	3.0	0.65
8	4.0	0.43
10	5.0	0.26
15	7.5	0.06
20	10	0.00

n=50, c=3

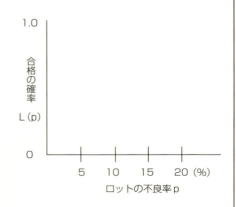

> 注：OC 曲線を求めるには，合格の確率を計算する必要がある。この方法としては，①超幾何分布による場合，②２項分布による場合，③ポアソン分布による場合，④累積確率曲線を利用する場合などがある。

　さて，OC 曲線上の２点を規定することにより，生産者と消費者の両者に対して，品質保証上の取り決めを行うことができる。したがって，不良率 p_0（またはロット平均 m_0）の良いロットが誤って不合格となる確率を一定の小さな値 α（約５％）とし，不良率 p_1（またはロット平均 m_1）の悪いロットが誤って合格となる確率を β（約10％）とする抜取検査（Sampling Inspection）方式が採用される。以下，この抜取検査方式（Sampling Plan）について説明する。

　a）　計数基準型抜取検査

　製品が良品・不良品と分類される場合には，サンプル中の不良品の数の分布は，２項分布にしたがうので，合格としたい良いロット（不良率 p_0 以下）が，誤って不合格となる確率（生産者危険（producer's risk））を α 程度とするために，

$$\sum_{x=c+1}^{n} {}_nC_x \, p_0{}^x \, (1-p_0)^{n-x} \fallingdotseq \alpha$$

とし，不合格としたい悪いロット（不良率 p_1 以上）が，誤って合格となる確率（消費者危険（consumer's risk））を β 程度とするために，

$$\sum_{x=0}^{c} {}_nC_x \, p_1{}^x \, (1-p_1)^{n-x} \fallingdotseq \beta$$

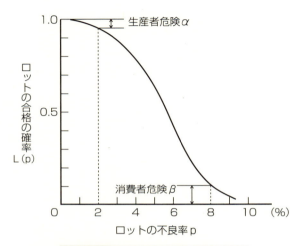

図4-15　生産者危険と消費者危険

を満たすサンプルの大きさnと，合格判定個数cを決め，サンプル中の不良品が，c個以下の場合に合格とし，cを超えた場合に不合格とすればよい（図4-15）。

b）　計量基準型抜取検査

値が小さいほど良い品質であり，ロット平均がm_0以下のロットは，なるべく合格とし，m_1以上のロットは，なるべく不合格としたい場合を考える。これを抜取検査で保証するためには，大きさnのサンプルをとり，その平均値$\bar{x}$が合格判定値$\bar{X}_u$以下の場合だけロットを合格とすればよい。

大きさnのサンプルの平均値$\bar{x}$が$\bar{X}_u$より大きくなる確率は，

$$K_\varepsilon = \frac{\bar{X}_u - m}{\frac{\sigma}{\sqrt{n}}}$$

と標準化すれば，正規分布表より得られる。

平均m_0のロットが不合格となる確率をαとし,すなわち,

$$K_\alpha = \frac{\overline{X}_u - m_0}{\frac{\sigma}{\sqrt{n}}}$$

となり,同様に,平均m_1のロットが合格となる確率をβとすると,

$$K_\beta = -\frac{\overline{X}_u - m_1}{\frac{\sigma}{\sqrt{n}}}$$

であるので,これらより,

$$n = \left(\frac{K_\alpha + K_\beta}{m_1 - m_0}\sigma\right)^2, \quad \overline{X}_u = \frac{m_1 K_\alpha + m_0 K_\beta}{K_\alpha + K_\beta}$$

となる,サンプルの大きさnと合格判定値$\overline{X}_u$を用いればよい(図4-3)。なお,$\alpha = 5\%$とすれば,$K_\alpha = 1.64485$,$\beta = 10\%$とすれば,$K_\beta = 1.28155$となる。

抜取検査には,不合格になったロットを全数選別して検査する選別型抜取検査,過去の検査履歴に基づいて,検査の仕方や抜取方式などを調

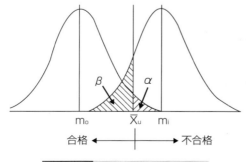

図4-16 ロットの合否の判定

整する調整型抜取検査およびコンベヤ生産などのようにロットにまとめにくい場合のための連続生産型抜取検査がある [1]。

特に，選別型抜取検査では，不合格になったロットを全数選別し，不良品を良品に置き換えて出荷するため，不良率 p のロットが，合格した場合は不良率 p，不合格となったロットは，すべて良品にするため不良率 0 となる。したがって，出検品質の平均値（Average Outgoing Quality ; AOQ）は，

$$AOQ = pL(p) + 0 \{1 - L(P)\} = pL(p)$$

となり，不良率 p が小さい場合は，AOQ が小さくなり，L（p）が小さい（不良率 p が大きい）場合も，AOQ が小さくなる。そして，不良率 p が小から大への変化の過程で，ある不良率のときに AOQ が最大となるような，上に凸の曲線を描く。この最大値を AOQL（AOQ Level：平均出検品質限界）と呼び，AOQ が，AOQL を超えないということで，品質の保証ができる。

そこで，次節では，品質保証について検討する。

4　品質保証

1963年11月22日，テキサス州ダラスで，フォード自動車のリンカーン・コンチネンタル・コンバーチブルに乗ったアメリカ合衆国大統領ケネディ（J. F. Kennedy）が暗殺される。1962年にケネディが発表した「消費者利益の保護に関する特別教書」において，「安全である権利」(the right to safe)，「知らされる権利」(the right to be informed)，「選ぶ権利」(the right to choose)，「意見を聞いてもらう権利」(the right to be heard）の4つの権利をうたい，「消費者の権利」という概

念を，はじめて社会的に明らかにした翌年のことであった。同時にケネディは，消費者がこれらの権利を支障なく行使できるようにするのは，政府の責任であると述べ，教書の中に，そのために必要な広範な立法・行政措置を盛り込み，この教書は，アメリカのみならず世界の国々の消費者擁護政策の出発点となり，消費者主義（consumerism）の台頭につながっていった。そして，リンカーン・コンチネンタルは，アメリカ車として初めて24カ月，24,000マイルまでの保証がついていた。これが次第に自動車メーカによるマイル保証（mileage warranty）すなわち，保証制度（warranty system）を形成することとなり，1960年代の保証合戦へとシフトしていく。また，日本においても，1960年代後半から欠陥製品問題，公害問題といった社会問題が現れてきている。

なお，消費者の権利は，1975年にアメリカ合衆国大統領フォード（G. R. Ford）が「消費者教育の権利（the right to consumer education）」を5つ目の権利として追加し，その後，国際的な消費者団体連合組織である国際消費者機構（Consumers International）が「救済への権利（the right to redress）」，「健康的な環境への権利（the right to a healthy environment）」，「最低限の需要を満たす権利（the right to satisfaction of basic needs）」を加え，国際的には8つの消費者の権利が主張されている。このような経過から第6章などで述べるアメリカ企業の顧客重視の経営姿勢が理解できるであろう。

さて，品質保証（Quality Assurance；QA）は，このような社会的背景のもとにその概念が発達していった。日本では，TQCの発展過程において，QAは，TQCの一環として，その位置づけが大きく注目されていくようになった。そして，JIS Z8101の定義（1999年廃止）では，「消費者の要求する品質が十分に満たされていることを保証するために，生産者が行う体系的活動」とされている。そのため生産者は，QA活動と

して，①市場情報収集→②商品企画→③研究・開発→④設計・設計評価
→⑤生産準備→⑥生産→⑦市場実績評価という商品ライフサイクルの中
で，QA の手法が発展していった。以下，各段階と主な手法について整
理しておこう [2]。

①　市場情報収集

この段階では，市場のニーズと市場における使用条件や環境条件の把
握を行う。品質展開（Quality Deployment）がよく用いられる。

②　商品企画

商品企画の段階では，ニーズを反映した仕様の作成や品質トラブルの
先取りなどを検討しておく。そのため品質展開が特によく用いられる。
また，技術上の問題をできるだけこの段階で把握しておく必要があり，
FMEA（Failure Mode and Effects Analysis）や FTA（Fault Tree
Analysis）がよく用いられる。

③　研究・開発

この段階は，製品の仕様を実現するメカニズムの発案と構想設計およ
び各構成要素の仕様の作成が必要である。また，構成要素レベルにおけ
る故障メカニズムの基礎的研究が重要である。故障解析や SQC 手法が
特によく用いられ，品質展開，FMEA，FTA，信頼性試験がよく用い
られる。

④　設計・設計評価

製品設計は，機能設計と信頼性設計に分けて考えられる。そして，設
計評価を行わなければならない。これらには，FMEA や FTA，故障解

析，信頼性試験，ワイブル解析，寿命データ解析，SQC 手法が特によく用いられる。

⑤　生産準備

　この段階では，設計図面に基づいた所定の品質水準と規格を満たす製品の生産に備えて，必要な設備・機械，作業方法および作業者を整える（したがって，新工法や新設備の開発も含む）。工程の FMEA が特に有効で，QC 工程表もよく利用される。

⑥　生　産

　生産準備が完了し，生産に入るとまず，初期流動管理が実施される。FTA や信頼性試験，田口玄一考案のタグチ・メソッドが用いられる。そして，通常の生産に移行した後は，SQC 手法，特に第 2 節で述べた管理図が用いられる。

⑦　市場実績評価

　市場に出荷された商品に対して，修理記録データや追跡調査データ，クレームデータなどを採取し，これらを適切に解析することで，実績評価を行う。また，適切な保全体制を通じて市場での品質を確保する。FTA やワイブル解析が特によく用いられ，故障解析がよく用いられる。

　以下では，先に述べた，商品ライフサイクルの各段階における QA の手法のなかで，代表的なものを取り上げておく [2]。

①　品質展開

品質展開とは，顧客の要求する品質を，メーカで管理可能な品質特性

（Quality Characteristic）に展開するための技法で，a）要求品質展開表（Quality Requirement Deployment Table），b）品質特性展開表（Quality Characteristic Deployment Table），c）品質表（Quality Table）からなっている。これらの諸表を活用して，前述したように，市場情報収集，商品企画，開発・設計の段階からの品質保証が行われる。

　a）　要求品質展開表

　要求品質展開表は，顧客の要求する品質を品質特性に対応できるレベルにまで分解・変換するものである。表4－1に，一例を示す。

表4－1　要求品質展開表

要求品質		
1次要求	2次要求	3次要求
操作しやすい	入力がしやすい	画面に触れるだけ
		入力ミスの修正が容易
		応答が早い
	携帯しやすい	ポケットに入る
		ポケットで重くない
		ポケットが膨らまない
	片手での操作	手のひらに収まる
		持ったときに安定している
		…
…	…	…

　b）　品質特性展開表

　品質特性展開表は，品質特性について分解を行うものである。表4－2に，一例を示す。

第4章　QCの手法　103

表4-2　品質特性展開表

品質特性		
1次特性	2次特性	3次特性
材　質	導体性能	導体抵抗
		引張荷重
	絶縁性能	絶縁抵抗
		耐電圧
	堅牢性能	素材
		成型
	…	…
…	…	…

c）　品質表

　要求品質展開表を左側縦軸に，品質特性展開表を上部横軸に配置して，
2次元表の形に結合し，両者の各項目が交わる欄に，要求品質と品質特
性の関連の度合いを◎，○，△の3段階程度で評価したものを品質表と
呼ぶ。表4－3に，一例を示す。

表 4 - 3 品質表

			品質特性展開					
		1次	X					
		2次	Y			Z		…
		3次	y1	y2	y3	z1	z2	…
1次	2次	3次						…
A	B	b1	○				◎	…
		b2	△		◎	○		…
		b3	◎		△			…
	C	c1				◎	△	…
		c2			○	◎		…
…	…							…

（左側：要求品質展開）

演 習 問 題

6　未来の新商品を創案し，その商品に対して品質展開を行え。

なお，1978年に品質機能展開（Quality Function Deployment；QFD）の考え方が，赤尾洋二，水野滋の両博士によって提案 [3] され，多くの企業で適用が試みられた。その結果，新製品開発や設計段階からの品質保証に有効な方法であることが報告され，世界的に QFD という名で活用されている。QFD では，品質展開が先行して実施される。

② FMEA

FMEA は，故障モードとその影響の解析で，システムや機器が内蔵する故障モードを漏れなく列挙し，個々の故障モードに対して，その原因とそれがシステムや機器におよぼす影響を解析する。次に述べるFTA がトップダウン手法であるのに対して，FMEA はボトムアップ手法となる。商品ライフサイクルの製品設計段階における設計 FMEA と生産準備段階における工程 FMEA に分けられる。

設計 FMEA（Design FMEA）は，製品の構成する部品やユニットごとに単純化された故障モードをあげ，これら故障モードが製品におよぼす影響を予想することにより，潜在的な事故・故障を設計段階で予測する。さらに，これら故障モードに対して，故障が発生する確率，発生した場合の影響の大きさや検知の難度などを，評価（採点やランクづけ）し，重大な事故・故障の是正処置や予防をする。

工程 FMEA（Process FMEA）は，工程管理部門が，製造工程における故障発生の原因，メカニズムを追求して，工程の改善を行うために活用される。

③ FTA

FTA は，ベル電話研究所のワトソン（H. A. Watoson）が考案し，1965年ボーイング（Boeing）社により完成された解析手法である。ま

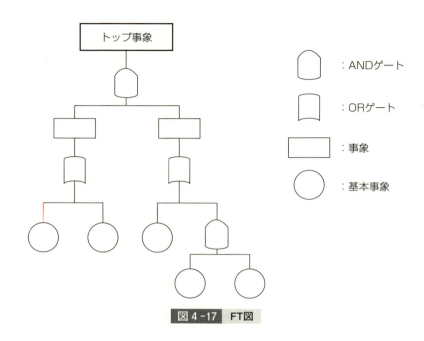

図4-17　FT図

ず，システムや製品において，発生を回避すべき事象をトップ事象として取り上げる。次に，このトップ事象の原因となる事象をいくつか抽出して，これらをトップ事象のもとに，AND（論理積）ゲート，OR（論理和）ゲートを通じて論理表現する。以下，各事象の原因となる事象を根本的な基本事象にまで掘り下げていく。このようにして，システムや製品の故障を発生させる事象との因果関係を，論理記号を用いて，ツリー状に表現した図を故障木図（Fault Tree）あるいは，FT図と呼ぶ（図4-17）。そして，各事象ごとの故障の発生確率を割り当て，トップ事象の発生確率が計算される。

④　故障解析

故障解析は，システムやその構成要素に対して，潜在的または顕在的

な故障のメカニズムを究明し，その影響を検討し，さらにその是正処置を決定することである。商品ライフサイクルの研究・開発段階や試作品に対する信頼性試験の段階で，特に重要な手法となる。故障解析を有効に進めるためには，故障物理と再現実験がある。

a） 故障物理

部品や材料の故障を，原子，分子レベルから解明するもので，数理的物理的な定式化はされにくい。

b） 再現実験

試験，あるいは市場で発生した予測しなかった故障に対して，そのメカニズムを解明するために，実験室において同一の故障を再現させるものである。

⑤ **信頼性試験**

信頼性試験には，寿命試験，限界試験，加速寿命試験などがある。

a） 寿命試験

寿命試験とは，製品または試験片に荷重（応力），熱（温度）などを加えて，性能劣化または破壊等が生じるまでの時間を評価する試験である。寿命の分布特性を知ることを目的に行われ，システムよりもサブシステム，部品レベルで行うことが多い。

b） 限界試験

システムや製品の動作条件や使用環境条件を意図的に厳しい側に設定し，どの程度まで安定した機能をはたすかを調べる試験である。

c） 加速寿命試験

加速寿命試験は，使用環境条件または最大定格に対して，それ以上の厳しいストレス（2個以上の環境因子の組合せなど）を加えて，時間的，物理的に劣化を加速させ，効率よく製品，部品の寿命を予測する試験で

ある。そして，通常の基準条件での寿命特性を予測する。

　以上述べてきた QA 手法は，信頼性工学の分野で発展しており，さらに詳細な手法を検討する場合には，信頼性工学での各種手法を参考にすればよい。なお，最近では，ICT（Information and Communication Technology）化に伴って，市場情報の収集段階や企画，設計段階で，時間やコストの短縮が行われ，これに伴い，QA 活動も変化してきているが，そのための問題点も表面化してきている。

　この後，QA は，日本の TQC の一環として発展する方向からとは別に，ヨーロッパを中心とする方向から，第7章で述べる品質マネジメントシステム規格へと発展していく。ISO 9000（JIS Q9000）における QA の定義は，「品質要求事項が満たされるという確信を与えることに焦点を合わせた品質マネジメントの一部」であり，この定義からも品質マネジメントに包含されていることがうかがえる。

引用・参考文献
[1]　朝香鐵一編『品質管理』日本規格協会，1980年
[2]　谷津進・宮川雅巳『品質管理』朝倉書店，1988年
[3]　水野滋・赤尾洋二『品質機能展開』日科技連出版，1978年

第5章

デミング経営哲学

1 デミングに学べ

　第1章で述べたように，アメリカ産業界では，1980年以降デミングが注目される。デミングは統計学者として，品質改善の根本的な手法開発を生涯の使命としてきた。しかし，日本では受け入れられたSQC（統計的品質管理）も，アメリカでは受け入れられなかったことも事実として残った。そのため，1980年のNBC局の放送まで，アメリカでは無名の存在であった。そこで，デミングは，アメリカにおいて統計的手法が永続的に活用されなかった事実から，その原因と再発防止策を追求してきた。その結果，統計的方法と合致する企業経営者の根本的な経営理念が必要であることを悟ることになる。そして，デミングは，経営原則として「14のポイント（Deming's 14 points）」を説くことになる。これによって，トップ層から，品質改善を浸透させる手段としたのである。また，「7つの致命的症状」が追加されることで，経営原則を磨き上げ，より効果的なものにした。さらに，「いくつかの障害」が加わることになった。

　これらのデミング経営哲学は，第1章で述べた総動員数20万人のデミ

ング・セミナーなどで講義されることになる。このデミング・セミナーには，アメリカを代表する会社の幹部が席を連ねた。IBM，AT&T，ボーイング，ダウ・ケミカル，P&G，GEエンジン，GEキャピタル，アメリカン・エクスプレス，マリオット，フェデラル・エクスプレス，HP，ゼロックス，モトローラ等の大企業や国防総省，エネルギー省，カリフォルニア州政府，全国学校管理者協会等の政府および公共団体も参加している [1]。

　ここでは，「14のポイント」，「7つの致命的症状」，「いくつかの障害」について述べ，アメリカにおいてのコンサルタント活動の一例として，フォード自動車における貢献を紹介する。

② 14のポイント

　デミング自身の著書において，この14のポイントの表現は著書ごとに若干異なっており，ここでは，文献 [2] による該当部分を引用しておく。なお，誤訳があるかもしれないため原文も並記するが，解説には著者の解釈も含まれている。以下n番目のポイントをPnと略す。

P1．製品とサービスの品質改善に対する一貫した目的意識を創れ。

（Create consistency of purpose for improvement of product and service.）

　経営の目的は，利潤の追求にある。しかしながら第1ポイントは，利潤の追求が目的ではなく，製品とサービスの品質改善こそが，消費者に対する企業の永続的な責務であるとの考えのもとで，品質改善という新しい目的意識を創らせよ，と説いている。そして，製品の品質の改善やサービスの改善は，創造性が発揮される場でもあり，現状に甘んじるの

ではなく，デザインや性能，より適切なサービスを創造していくことが，企業の将来に役立つと考えている。

P2．新しい経営哲学を採用せよ。

（Adopt the new philosophy.）

この第2のポイントは，新しい挑戦に目覚め，新しい考え方を取り入れよ，と経営者に向けた言葉である。経営者は，これまでの経営哲学にすがる傾向がある。しかしながら，時代の変化とともに経営も変化する。したがって，その時代に対応した経営の改革こそが必要である。

P3．多くの検査に依存することをやめよ。

（Case dependence on mass inspection.）

品質は，多くの検査によって改善されるのではなく，第1章で述べた，来日時のデミング・セミナーの講演にもあるように，工程の改善こそが必要である。多くの検査によって不良品を出さないようにしても，検査費用がかさむだけで，工程を改善しておけば，不良品が出ないので検査費用がかからなくなる。生産工程の段階での品質の重要性を説いている。

P4．入札のみに基づく取引をやめよ。

（End the practice of awarding business on the basis of price tag alone.）

材料を仕入れる場合は，最低価格を提示した企業との取引が行われるが，最低価格は最低品質の場合が多い。取引先を定め，長期の取引関係を築き，品質の向上を協力体制のもと達成すべきである。第1章で述べた来日時のデミング・セミナーの講演にも，この内容は見受けられる。

P5．生産とサービスのシステムを常に，永続的に改善せよ。

（Improve constantly and forever the system of production and service.）

改善は一時的な活動ではなく，永続的に取り組まれなければならない。取り組みには，経営者から従業員に至るまで，またすべての部門において行われなければならない。そして，改善のためには，PDCAサイクルを絶えず確実に回し続けることである。

P6．教育訓練を制度化せよ。

（Institute training.）

企業の全社員は，教育訓練をくり返し行い，制度として定着させるべきである。第9章で述べる，シックスシグマ経営では，体系化された教育訓練を実践している。QC手法に限らず，教育訓練は必要であると思われる。

P7．リーダシップ制をとれ。

（Adopt and institute leadership.）

経営者，管理者は，リーダシップを発揮し，社員がより良い仕事ができるようにアドバイスを行わなければならない。

P8．恐怖感を追い払え。

（Drive out fear.）

多くの社員は，質問をしたり，意見を言うことを恐れている。品質と生産性向上のためには，社員が安心感を持つことが必要である。そして，作業員は，上司を恐れずに，設備の故障を報告し，指示を求め，品質改善を阻止する障害に注意を喚起すべきである。

P 9．部門間の障壁を取り除け。

（Break down barriers between staff areas.）

企業の部門では，互いに競合したり，相反する目標を持っていたりする。これらが他部門の障害となってしまうこともあり，部門間の障壁を取り除き，協力体制のもとで活動しなければならない。最近では，BPR（Business Process Re-engineering）の考え方のもとで，ERP（Enterprise Resource Planning）やSCM（Supply Chain Management）への展開は，このポイントの好例であると言えよう。

P 10．労働力のためのスローガン，訓戒，目標を排除せよ。

（Eliminate slogans, exhortations, and targets for the work force.）

スローガンを掲げ，訓戒や目標を設定することは，従業員にとってプレッシャーにしかならず，弊害を生むものでしかない。例えば，馬の鼻先にニンジンを下げ，馬を速く走らせようとしても，いくら走ってもニンジンに追いつけない馬は，無駄に走ることは止め，やがて立ち止まってしまう。真に必要なことは，安定したシステムを提供することである。

P 11a．労働力の数字による割り当てを排除せよ。

（Eliminate numerical quotas for the work force.）

1日の作業量を割り当てることを主張したのは，科学的管理法（Scientific Management）のテイラー（F. W. Taylor）であるが，デミングの考えは，テイラーの考えと対立している。標準作業量などの数値割り当ては，他のどのような労働条件よりも品質を阻害する。

P 11b．経営における人々の数字目標を排除せよ。

（Eliminate numerical goals for people in management.）

経営における数値目標は，一見優れているかに見えるが，その目標のために管理者が本来の管理能力を阻害され，目標数値の達成のみが優先されてしまう。本当に必要なことは，数値目標ではなく，システムを改善することである。最近は，数値目標を掲げる経営者や管理者が多くなったように見受けられる。真に必要なことを理解しなければならない。

P12. 人々の労働技量の誇りを奪う障害を取り去れ。

（Remove barriers that rob people of pride of workmanship.）

デミングは，会社のコンサルタントに就くと，作業者のみの集会を開き，作業者が活発に討論できるように誘導するという。そして，作業者は，品質が向上すればそれに伴って生産性も向上することを理解し，現場での仕事の経験による製品やサービスへの提案が，管理者の仕事以上に市場に受け入れられていることを理解しているという。しかし，作業者には状況を変革する力はない。労働技量の誇りに対して敬意を払い，現場の意見を受け入れる体制が必要である。

P13. すべての人の教育と自己改善を奨励せよ。

（Encourage education and self-improvement for everyone.）

全社員は，常に新しい知識と技術を身につけるように，教育と再訓練を行い，企業は人への投資を行わなければならない。人々が向上するために力を貸す経営が必要である。組織は，人で構成されている。人の育成こそが，組織発展のために必要なことである。

P14. 変革を成し遂げるために行動せよ。

（Take action to accomplish the transformation.）

経営者，管理者は，これまで述べた13のポイントを実行するために，

第5章 デミング経営哲学　115

協力体制をとらなければならない。シューハートサイクル（デミングサイクル，PDCAサイクル）にしたがって活動すれば，変革は達成できる。

　これら14のポイントを見ると，デミングの経営哲学がここにこめられていると感じられる。また，品質改善の目標の一貫性を持ち，永続的にシステムを改善し，教育訓練を制度化し，リーダシップを発揮し，作業員自らが自己改善するなどの点は，日本的経営に当てはまり，全社的品質管理として実施されてきた内容と酷似する。しかし，検査を厳しくし，最低価格で取引し，社員を目標管理して実力評価をしようとすることを止めよという内容に反することが，これからの日本の経営が進もうとしている内容にも感じとれ，これからの日本の経営は，デミングの経営哲学に反する方向に進んで行くのではないかと危惧される。

③　７つの致命的症状といくつかの障害

　デミングは，７つの致命的症状といくつかの障害を指摘している。以下，n番目の致命的症状をＦnと略す。

－７つの致命的症状－
**　Ｆ１．一貫した目的意識の欠如**
　14のポイントの１番目のポイントである一貫した目的意識を持つことが，業界に生き残るための要件であり，その欠如は企業に破綻をもたらす。

**　Ｆ２．目先の利益を重視する。**
　目先の利益を重視する風潮は，敵対的買収や買収する会社の資産を担保として買収費をまかなう買収に対するおそれによって拍車がかけられ

ている。品質を考慮せずに，月末ギリギリに製品を出荷することが企業の慣行となっている。品質を中心とする長期的なビジョンが必要なのである。

Ｆ３．達成度査定，人事考課，あるいは年間業績評価

広く行われている目標管理計画や生産量管理もこの症状に該当する。

達成度査定は，長期計画を犠牲にして，短期的実績を追求させる結果になる。人事考課は，監督者の主観的判断に基づき，上司の考え方次第で従業員の評価が大きく左右される。管理者の職務は，管理限界の幅を狭めて，工程の変動と人間の差異を減少させることにあると説いた。

Ｆ４．管理者の流動性

優秀な管理者を育成するためには，数十年の年月を要し，順次段階を経て最高経営者になるべきである。２，３年勤めただけで，その企業の実態を把握できる管理者はいるだろうか。頻繁に転職するものが長期的改革に対応できる管理者になれるだろうか。このような危惧を投げかけている。

Ｆ５．数値のみに頼る企業経営

目に見える数値は重要であるが，目に見えない不可知の数値は，はるかに重要となる。例えば，製品を買った顧客に与えた満足感の影響や致命的症状を除いたために向上した品質などは，数値的に計測することは不可能である。

次のＦ６，Ｆ７の症状はアメリカのみに当てはまる。

Ｆ６．過大な医療コスト

　医療コストが最大支出となっている企業もある。例えば，アメリカにおける退職者や扶養家族に対する医療費の支援対象者数は，トヨタ自動車の65,000人に対して，ゼネラル・モーターズ（General Motors；GM）は，110万人であり，新車１台当たりの医療費負担は，トヨタ自動車の480ドルに対して，GMは，1,500ドルと，1,000ドルもの利益差が出ている [3]。

Ｆ７．成功報酬契約で働く弁護士費用によって増大する過大な保証コスト

　アメリカは，世界で最も訴訟の多い国である。しかし，これからの日本は，訴訟が増加すると思われ，アメリカのみの症状ではなくなる日が来るかもしれない。

ーいくつかの障害ー

- 長期計画および改革の軽視
- 問題解決，オートメーション，装置，新しい機械などが企業体質を変えるという誤った考え
- 前例にしたがう問題解決
- 「われわれの問題は別だ」という考え
- 時代に即さない学校教育
- 品質管理部門への依存
- 問題を作業員の責任にすること
- 検査による品質向上
- 誤ったスタート
  企業経営理念の変革なしに，スタートしてはいけない。

- 無用の長物と化しているコンピュータ
- 規格への合致
- 不十分な試作品試験
- 企業のコンサルタントは，その企業の業態に精通していなければならない，という誤った考え

　これら「7つの致命的症状」と「いくつかの障害」は，先の「14のポイント」に追加されることで，デミングの経営原則を磨き上げ，デミング経営哲学としてより効果的に経営者に対して示されることになる。

4　フォード自動車の経営改革

　1980年6月26日に，NBC局がデミングの業績を取り上げた特別番組を放映していた頃，フォード自動車は重大な危機に直面していた。アメリカでの日本の自動車の販売は好調で，アメリカ第2位の自動車メーカも市場に生き残るための改革を必要としていた。この年フォード自動車は，16億ドルの赤字を出していた [4]。

　NBC局の特別番組のVTRテープは，フォード自動車のフィルム・ライブラリーにも収められ，多くの幹部社員がそれを見ていた。デミングは，トップの責任関与が保証される場合にのみコンサルタントとしての助言を行っていたので，大企業のフォード自動車に対してもその条件を変えなかった。現場で指揮をとる管理者にとって，デミングの存在を知っていても，アメリカの巨大企業の社長に，容易に進言することはたいへん困難なことである。しかし，フォード自動車再生のために，デミングとの会談は，ぜひとも実現させなければならないことであった。そして，ようやく1981年の春に，フォード自動車のピータスン社長（D.

E. Peterson）とデミングの会談は実現し，その後デミングは，フォード自動車のコンサルタントに就任する。フォード自動車は，第1章でも述べたが，フォードシステムによる流れ作業方式による組み立てラインを創設した会社である。いわゆる現在の大量生産システムの原点である。ここで，デミングの経営手法がこの会社を改革できるかが大きな注目点となった。

　フォード自動車は，品質管理に関しては，完全にアメリカ式であり，規格にしたがって製品を生産し，規格外品を選別する方法をとっていた。デミングの方法は，工程を改善することを目的としていた。例えば，当時フォード自動車の変速機10台とマツダ（1979年に資本提携している）の変速機10台を比較検査している。どちらも設計図規格に適合していたが，マツダの方が部品のバラツキが少なかった。つまり，日本製の変速機は，寸法が均一でより高品質であったのである。そのため，日本製変速機は，運転ノイズが低いだけでなく，保証コストがアメリカ製の1／10であった [4]。これは，第1章で述べたデミングのセミナーで教えられた方法を，日本が着実に実行してきた賜であったと言えよう。

　以来フォード自動車は，「品質ジョブ・ワン（Quality is Job 1）」の旗印をかかげて，かなり大規模な改善を達成してきた。そして，デミング経営原則が徹底され，1985年に発表された新型車のトーラスは，フォード自動車の歴史に残る驚異的な販売で，一挙にフォード自動車を立て直した。また，品質の改善は，コストの削減にもつながった。そして，フォード自動車における最も意義ある変革は，品質向上のための支援体制が，トップ層によって主導されたことであった。このようにして，1987年には，フォード自動車は，過去最高益を記録する回復を見せた。

　なお，今日のフォードQ1（Ford Quality is Job 1）は，フォード自動車へサービスを提供するサプライヤを対象に，「顧客の要求」を満た

す品質管理体制が構築されているかを審査する，フォード自動車独自の品質管理プログラムとなっている。すなわち，フォード自動車が，サプライヤを厳格に評価するプロセスで，フォード自動車の最高レベルの品質要求を満たした企業だけに認定が与えられている。これもまた，デミングの経営原則によるものである。

　その後ピータスン社長は，自身をデミングの弟子であると語り，「我が社は，デミング経営原則，ことに不断の改善と従業員全員参加の原則を遵守している」と述べている　[4]。

　フォード自動車以外にも，デミングが回生させたアメリカ企業は計り知れない。フォード自動車の急回復を見たアメリカ第1位の自動車メーカであるGMもデミングの教えを受けたそのひとつである。

　デミングからの教えにより日本で開花したTQC（全社的品質管理）は，30年の時を経て，アメリカに総合的品質マネジメント（Total Quality Management；TQM）を呼び起こし，ついで日本においてもTQMとして，逆に導入されていくことになる。

演習問題

　1　デミング経営と日本の経営の相違点を述べよ。
　2　ICT時代に入ってからの日本の経営の変化を述べよ。

引用・参考文献
[1]　吉田耕作『ジョイ・オブ・ワーク─組織再生のマネジメント』日経BP社，2005年
[2]　W.E.Deming：Out of the Crisis, MIT Press, 2000
[3]　朝日新聞記事，2006年1月30日
[4]　メアリー・ウォルトン（石川馨監訳）『デミング式経営』プレジデント社，1987年

第6章

TQM

1 品質マネジメント

　TQM（総合的品質マネジメント）を考えていく上で，まず，品質マネジメントについて整理しておこう。そこで，国際的な品質マネジメントシステムであるISO 9000：2015における品質マネジメントの原則を最初に取り上げたい。ISOの正式名称は国際標準化機構（International Organization for Standardization）で，世界のあらゆる地域における大小の国々，先進国ならびに発展途上国の国家機関や専門家がその会員となっている。ISOでは，あらゆるタイプの組織に付加価値を与え，国家間の貿易を一層容易かつ公正にするための規格やガイドを作成している。ISO規格はまた消費者およびユーザの便益一般の増大にも役立つものである。なお，ISOは，ギリシャ語の"ISOS"（平等，同じ）から作られた言葉で，英語の接頭語"iso－"もこの言葉が語源である。なお，ISOにおいて，1986年から2年間ISO会長を務めた山下勇，2005年から2年間ISOの会長に就任する田中正躬と日本人の活躍がみられる。

　以下は，ISO 9000：2015を翻訳したJIS Q9000：2015から引用した品質マネジメントの原則である [1]。以下に述べる7つの品質マネジメン

トの原則は，第7章で述べるJIS Q9000ファミリー規格における品質マネジメントシステム規格の基礎となるが，TQMを考えていく上でも非常に大事な原則であるため，最初に紹介しておく。

―品質マネジメントの概念及び原則―

「品質マネジメントの概念及び原則は，組織に，ここ数十年とは本質的に異なる環境からもたらされる課題に立ち向かう能力を与える。今日，組織が置かれている状況は，急速な変化，市場のグローバル化及び主要な資源としての知識の出現によって特徴付けられる。品質の影響は，顧客満足を超えた範囲にまでわたり，そうした影響が，組織の評判に直接影響を与えることもある。

社会においては，教育水準が上がり，要求が厳しくなり，利害関係者の影響力がますます強くなっている。この規格は，品質マネジメントシステム（Quality Management System）の構築・発展に用いる基本概念及び原則を示すことによって，より広範に組織についての考え方を提供する。

全ての概念及び原則並びにそれらの相互関係は，全体として捉えるのがよく，それぞれを切り離して捉えないほうがよい。ある概念又は原則が，もう一つの概念又は原則よりも重要だということはない。いかなる場合にも，適用における適切なバランスを見つけることが重要である。」と述べた後に，基本概念として，品質，品質マネジメントシステム，組織の状況，利害関係者，支援（一般，人々，力量，認識，コミュニケーション）を取り上げて説明した後，次の品質マネジメントの7つの原則が提示されている。

① 顧客重視

品質マネジメントの主眼は，顧客の要求事項を満たすこと及び顧客の期待を超える努力をすることにある。

② リーダーシップ

全ての階層のリーダーは，目的及び目指す方向を一致させ，人々が組織の品質目標の達成に積極的に参加している状況を作り出す。

③ 人々の積極的参加

組織内の全ての階層にいる，力量があり，権限を与えられ，積極的に参加する人々が，価値を創造し提供する組織の実現能力を強化するために必須である。

④ プロセスアプローチ

活動を，首尾一貫したシステムとして機能する相互に関連するプロセスであると理解し，マネジメントすることによって，矛盾のない予測可能な結果が，より効果的かつ効率的に達成できる。

⑤ 改善

成功する組織は，改善に対して，継続して焦点を当てている。

⑥ 客観的事実に基づく意思決定

データ及び情報の分析及び評価に基づく意思決定によって，望む結果が得られる可能性が高まる。

⑦　関係性管理

持続的成功のために，組織は，例えば提供者のような，密接に関連する利害関係者との関係をマネジメントする。

さて，品質マネジメントは，品質マネジメントの原則のもとで，第2章で述べた品質管理，第4章第4節で述べた品質保証の他に品質計画，品質改善からなると考えられる。JIS Q9000：2015によれば，品質計画とは「品質目標を設定すること及び必要な運用プロセスを規定すること，並びにその品質目標を達成するための関連する資源に焦点を合わせた品質マネジメントの一部」であり，品質管理は「品質要求事項を満たすことに焦点を合わせた品質マネジメントの一部」であり，品質保証は「品質要求事項が満たされるという確信を与えることに焦点を合わせた品質マネジメントの一部」であり，品質改善は「品質要求事項を満たす能力を高めることに焦点を合わせた品質マネジメントの一部」であると定義されているからである。これらの関係を図6-1に示す。

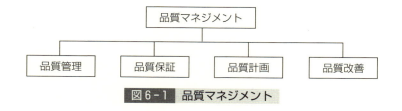

図6-1　品質マネジメント

2　TQM宣言

1996年4月に，日本のTQCを推進してきた日本科学技術連盟が，TQM宣言と題して，"Total Quality Control"から"Total Quality Management"への呼称変更を宣言した。しかし，このとき日本科学技

術連盟が発行した冊子「TQM宣言 − "存在感" を求めて − 」では，TQMの理想論を展開しながらも，結果として「この新たなTQMの枠組みは，基本的には従来のTQCの概念・方法論を継承するもの」と位置づけられており，「諸外国ではTQMという呼称が一般的になっていて，TQCを国際的に通用する言葉にする必要がある」，「TQCを企業環境の変化に対応できる経営活動に，より一層役立つようにする必要がある」と続いている。また，「TQCは，いろいろな意味での転機を迎えた。TQCそのものに対する信頼性の低下，様々な分野へのTQC適用における限界，TQCにない新しい面をもった様々な経営管理手法の台頭，将来のTQC指導者の不足，TQC界の推進体制の停滞」をあげ，従来のTQCの行き詰まりとも思われる記述をしており，苦渋の宣言であったことがうかがわれる。

　しかしながら，TQMを，従来のTQCの延長線上に考えるのではなく，過去のTQCで実現できなかった新しい時代への対応を反省し，そこから新たなTQMの理念を創造することが求められている。一般に，TQCが，現場における品質管理改善活動を中心とする全社的な取り組みであることを考えれば，ボトムアップ的な要素が強い。これに対して，TQMでは，品質問題をより経営に近いところで見て，戦略として捉えるため，トップダウン的にプロセスの見直しを行う。今日，ICT化によるスピード経営に対応するためには，自ずとトップダウン的なTQMが必要なのである。

　また，TQMは，長期的な戦略の中で考えられ，ビジョンや長期的な戦略が共有され，全社的な視点で，機能横断的な活動の一部として活動が求められる。そのため，組織全体の目指すべき姿を柔軟かつタイムリーに可視化し，それに向かって全社員の努力を集中させる。そして，企業の行う仕事はひとつであるという認識と，全体のプロセスを全社員

が知り，共有していることである。

　以上のようなTQCとTQMの関係を理解した上で，次節ではTQMについて考えてみたい。

③ TQM

　デミングの直弟子は，世界に10人足らずしかおらず，彼らは「デミング・マスター」と呼ばれている。そのデミング・マスターのひとりである吉田耕作によるTQMの定義［2］を最初に取り上げよう。

　「TQMとは，組織全体の目的をより効率的に達成するために，人間尊重と和の精神にもとづき，クリエイティブ・ダイナミック・グループ（Creative Dynamic Group ; CDG）などのチーム活動を通して，勤労者に自己実現および仕事の喜びを享受する機会を与えると同時に，内因性モチベーションによって彼らの勤労意欲および創造性を最大限に発揮させることにより，組織体の競争力をつけようとする経営の考え方である。TQMは，人間が作ったいかなる組織（例えば企業，政府，非営利団体，学校，病院等）においても実践されるべきものである」とし，さらに「その組織を取り囲む関係諸組織全体，またはその一部が，その成果の恩恵を受けることこそあれ，何者も被害を受けることのないように，全体観的に問題を把握し，社会への貢献を図るものである」としている。

　TQMでは，定義にもあるように，全体観的アプローチをとる。そのためには，組織を個々の人間の集まりとして捉えるのではなく，組織全体の目的を達成するためのグループの集まりであると捉えるべきである。個々の人間がバラバラの仕事をするよりも，グループで働くことによって，より大きな仕事が効率よく行われなければならない。このとき，個々の人間は優秀であっても，グループとして行動するときに，そのグ

ループが優秀であるとは限らない。また、グループとして優秀であるときに、必ずしも個々の人間が優秀であるとは限らない。TQMは、組織を構成する個々の部分を結びつけることによって、相乗効果を引き出し、全組織体を単純な部分の機能の総和ではなく、それ以上のものに発展させる経営哲学である。すなわち、人間の尊重と和の精神にもとづいた、部分最適ではない、全体最適の考え方をとる。

そのために、CDGなどの活動によって、少人数のグループが、協調の精神にもとづいて問題解決に取り組んでいる。TQMにおけるCDGなどのグループは、グループ内の協調のみならず、他の多くのCDGなどのグループと協調を保ち、全組織の方向性と矛盾のない合目的的な活動を追求する。なお、CDGM（CDG Method）は、吉田耕作により提唱されており、CDGは、アメリカのチーム活動と日本のQCサークル活動の両方の強みを兼ね備えた小集団である［3］。

全体観的アプローチのもうひとつの面として、TQMは、長期的な戦略をとることがあげられる。短期的な業績により報酬や昇進を決めるのではなく、長期的なビジョンによって、長期的な高成長を図る。長期的な高成長は、短期的な業績の最大化の積み重ねではなく、短期的な業績の和以上の成長を長期的に見ることである。

そして、マズロー（A. H. Maslow）の欲求5段階説における最高次元の欲求である自己実現の欲求の充足を目標として、仕事の喜びを与え、長続きのする小集団活動は主として外因性モチベーションではなく、内因性モチベーションにもとづいた意欲づけが必要である。そのためには、終身雇用制や年功序列制という、従業員に長期的安定感を与え、長期指向性を助長する雇用方法が必要であり、自分の仕事に喜びや生き甲斐を見出した者（従業員満足（Employer Satisfaction））は、質の良い仕事をし、それは生産性の向上に寄与し、顧客満足につながる。顧客満足は、

組織に関わるすべての人々の満足によって生み出される。

このようにTQMでは，顧客満足という常に変化する品質を対象としている。その品質には，次の３つの階層が考えられる。

1．製品やサービスの品質
2．製品やサービスを作り出すプロセスの品質
3．製品やサービスを作り出す供給者の能力向上プロセスの品質

QCは製品やサービスの質を扱ってきた。QMでは，製品の質のみならず，業務の進め方の品質，経営者・社員の品質など，経営に関するありとあらゆる全ての品質が含まれる。つまり，品質はそのときの品質だけでなく，将来にわたって品質を改善する能力があり，競合他社に対して競争優位を保てるかが重要になる。

この３つの品質を常に向上させ続けるには，社員の持っている能力を最大限に発揮させ，自己実現，仕事の喜びを重視する必要がある。そのためには従業員満足を高める必要があり，経営そのものの品質を高めなければならない。会社に対して不平・不満を持つ社員は，顧客が満足できる製品やサービスを作ることはできない。マネジメントの品質こそが，真に顧客に対する製品・サービスの品質を決定するものである。

TQMへの展開の手助けとして，日本経営品質賞（Japan Quality Award）のガイドブックがある。日本経営品質賞は，アメリカで品質向上のために制定したマルコム・ボルドリッジ国家品質賞（The Malcolm Baldrige National Quality Award）をベンチマークにして，日本の独自の賞として制定された。日本経営品質賞からTQMへの展開を考える前に，マルコム・ボルドリッジ国家品質賞について，次節で概観してみたい。

4 マルコム・ボルドリッジ国家品質賞

1980年11月4日，アメリカの大統領にレーガン（R. W. Reagan）が就任したとき，マルコム・ボルドリッジ（Malcolm Baldrige）は，商務省長官となる。第1章で述べたNBCの特別番組は，1980年6月26日のことであるから，ボルドリッジも，アメリカの国際競争力の低下は，品質において外国製品，特に日本の製品に負けていることが，最大の問題であると認識していた。したがって，アメリカ政府は，アメリカ産業界の生産性の向上と国際競争力の強化のために，国をあげて品質向上活動に取り組まざるを得なかった。

1982年，国防総省防衛ロジスティクス局の品質保証審査責任者のコリンズ（F. C. Collins）が，日本を訪問視察した際，デミング賞を受賞した工場で働く人々が共通して，受賞の栄誉による誇りの精神を持っていることに深く感銘を受ける。そして，アメリカにおいても，全国的な品質賞の必要性を提案することになる [4]。

ところで，日本には1955年の設立以来，戦後の日本経済の自立と発展に貢献してきた生産性運動の中核である公益財団法人日本生産性本部（Japanese Productivity Center）（1994年，日本生産性本部と政策提言等を行うシンクタンクであった社会経済国民会議が統合し，社会経済生産性本部となったが，2009年名称を戻す）があり，アメリカにも，1977年，アメリカ生産性本部（American Productivity Center；APC）が設立されていた（現在は，アメリカ生産性品質本部（American Productivity and Quality Center；APQC））。

このAPCの会長グレイソン（C. J. Grayson）からも，「全米品質および生産性賞」の設立がコリンズに提案される。そして，APQC理事長に

なったグレイソンは，「品質賞設立」について大統領に要請し，同時に「この制度が全米に動機・宣伝効果・栄誉をもたらすためには，大統領自身が表彰に当たるべきである。しかし，政治的介入を避けるために，賞の審査は民間人が行った方がよい」と提言している。そして，この賞を「大統領品質賞」と称することになっていた［4］。

　ところが，1987年7月，商務省長官ボルドリッジが，趣味のロデオを行っている最中に事故死してしまう。そして，ボルドリッジが，アメリカの競争力強化のために，賞を強く支援しており，彼の栄誉を讃え，「マルコム・ボルドリッジ国家品質賞」（以下MB賞）とすることになった［4］。

　このようにMB賞は，日本におけるデミング賞を発端として，アメリカの国家としての競争力回復のシンボルとして誕生した（アメリカ合衆国の法律"Public Low 100-107"によって制定）。また，デミング賞が，品質改善に重点をおいていたのに対して，MB賞は，顧客満足（Customer Satisfaction；CS）による品質システムに重点がおかれる。さらに，MB賞の審査基準（criteria）（基本的要求事項）は，毎年改善される。そのため，MB賞は資格的な賞ではなく，競争優位的な賞となっている。

　アメリカにおける実務家が，このMB賞をどのように捉えているかについて，興味深い記述があるので引用しておこう。ハットン（D. W. Hutton）は，その著書［5］の中で，MB賞を次のように述べている。

　「MB賞は，アメリカにおいて経営管理が深刻に時代遅れのものになっており，それが多くの業種を国際競争に対して脆弱にしていることを見てとることのできた，少数の献身的な人々，産業界のリーダやマネジメントのエキスパートの努力によって創設されたものである。（略）設立当初からMB賞は，オリンピック・ゲームの復活に匹敵する規模で，

第6章　TQM　131

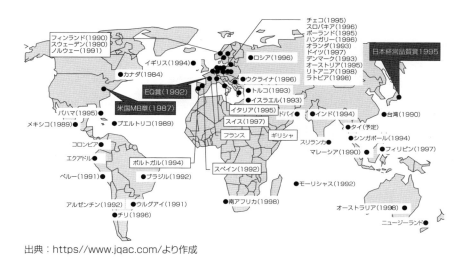

出典：https://www.jqac.com/より作成

図6-2　世界の経営品質賞

最も耐久性があり，幅広く見習われ，成功を収めているシステムでもあった。（略）トップ企業や高業績を上げている組織にとっては，MB賞（および諸外国の類似の賞）は，経営におけるオリンピックの金メダルなのである。」

アメリカ産業の復活に果たしたMB賞の役割は大きく，2005年には，ヨーロッパ，オーストラリア，カナダなどの約60カ国で同様の品質賞が制定されることとなった（図6-2）。そして，2024年現在，100カ国以上で品質賞が制定され，これらの主立った地域の表彰制度責任者が情報の共有とベストプラクティスの追求等を目的として集まるGEM/C（Global Excellence Model/Council）が2000年に創設され，以降年に一度開催されている（図6-3）。日本においても，このMB賞の仕組みを徹底的に研究し，1995年12月，社会経済生産性本部が「日本経営品質賞」を創設した。なお，図6-2のEQ賞（1992年設立）は，ヨーロッパ

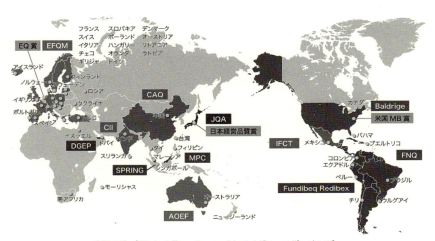

— GEM/C (Global Excellence Model/Council) メンバー —
出典：https://www.jqac.com/about/#GLOBAL

図6-3　経営品質活動のグローバルな情報共有会議

品質賞（European Quality Award）のことである。

5　TQMへの展開

　ここでは，TQMへの展開のために，日本経営品質賞のガイドブックを参考にしてみたい。日本経営品質賞は，MB賞を範としたもので，当初はMB賞の審査基準を直訳したものであった。しかしその後，アメリカ企業と日本企業との違い，日本とアメリカにおける文化の違いなどを考慮して，日本独自の発展を遂げてきた。

　そこで，本節では，MB賞の審査基準を参考にしながら，日本経営品質賞の審査基準を概括し，TQMへの展開のための指針としたい。

　図6-4は，MB賞のエクセレンス・フレームワーク（Baldrige Excellence Framework）である。この図から，組織のプロフィールの

第6章　TQM　　133

出典：https://www.nist.gov/baldrige/products-services/baldrige-excellence-builder

図6-4　2023-2024年度MB賞のエクセレンス・フレームワーク

もとに，次の7つのカテゴリーで審査が行われるが，これらは核となる価値観と概念（Core Values and Concepts）に基づいていることがわかる。

① リーダーシップ（Leadership）
② 戦略（Strategy）
③ 顧客（Customers）
④ 測定，分析，ナレッジマネジメント（Measurement, Analysis, and Knowledge Management）
⑤ 働き手（Workforce）
⑥ オペレーション（Operations）
⑦ 結果（RESULTS）

表6-1に，MB賞のカテゴリーアセスメントを示す。
組織のプロフィールでは，組織の説明（P.1）として，a．組織環境：

表 6 - 1　2023-2024年度MB賞のカテゴリーアセスメント

P　Organizational Profile

　　P.1　Organizational Description

　　P.2　Organizational Situation

Categories and Items

1　Leadership

　　1.1　Senior Leadership

　　1.2　Governance and Societal Contributions

2　Strategy

　　2.1　Strategy Development

　　2.2　Strategy Implementation

3　Customers

　　3.1　Customer Expectations

　　3.2　Customer Engagement

4　Measurement, Analysis, and Knowledge Management

　　4.1　Measurement, Analysis, Review, and Improvement of Organizational Performance

　　4.2　Information and Knowledge Management

5　Workforce

　　5.1　Workforce Environment

　　5.2　Workforce Engagement

6　Operations

　　6.1　Work Processes

　　6.2　Operatinal Effectiveness

7　Results

　　7.1　Product and Process Results

　　7.2　Customer Results

　　7.3　Workforce Results

　　7.4　Leadership and Governance Results

　　7.5　Financial, Marketplace, and Strategy Results

出典：https://www.nist.gov/baldrige/products-services/baldrige-excellence-builder
　　　より作成

(1)製品・サービス，(2)ミッション・ビジョン・価値観・文化，(3)働き手の特徴，(4)資産，(5)規制環境，b.組織の関係：(1)組織構造，(2)顧客および利害関係者，(3)サプライヤー・パートナー・協働者を明確にしなければならない。次に，組織の状況（P.2）として，a.競争環境：(1)競争上の位置づけ，(2)競争力の変化，(3)比較データ，b.戦略的背景およびにc.パフォーマンス改善システムを明確にしなければならない。

　リーダーシップでは，1.1の経営幹部（経営幹部が組織をどのようにリードしているか）と1.2のガバナンスと社会貢献（組織をどのように統治し，社会に貢献しているか）に関連した内容について問われる。

　戦略では，2.1の戦略の策定（戦略をどのように策定しているか）と2.2の戦略の展開（戦略をどのように展開しているか）に関連した内容について問われる。

　顧客では，3.1の顧客の期待（顧客の声に耳を傾け，顧客のニーズを満たす製品とサービスをどのように決定しているか）と3.2の顧客エンゲージメント（顧客との関係をどのように構築し，満足度とエンゲージメントを判断しているか）に関連した内容について問われる。

　測定，分析，ナレッジマネジメントでは，4.1の組織のパフォーマンスの測定・分析・改善（組織のパフォーマンスをどのように測定，分析，および改善しているか）と4.2の情報と知識の管理（情報と組織の知識資産をどのように管理しているか）に関連した内容について問われる。

　働き手では，5.1の働き手の環境（効果的で支援的な働き手の環境をどのように構築しているか）と5.2の働き手のエンゲージメント（定着率と高いパフォーマンスのために，どのように働き手のエンゲージメントを高めているか）に関連した内容について問われる。

　オペレーションでは，6.1の業務プロセス（主要な製品と業務プロセスをどのように設計し，管理し，改善しているか）と6.2の運営の有効

性（運営の効果的な管理をどのように確実にしているか）に関連した内容について問われる。

結果では，7.1の製品とプロセスの結果（製品のパフォーマンスとプロセスの有効性の結果は何か），7.2の顧客の結果（顧客に焦点を当てたパフォーマンスの結果は何か），7.3の働き手の結果（働き手に焦点を当てたパフォーマンスの結果は何か），7.4のリーダーシップとガバナンスの結果（経営幹部のリーダーシップとガバナンスの結果は何か），7.5の財務・市場・戦略の結果（財務の実行可能性および戦略の実施に対する結果は何か）に関連した内容について問われる。

各アセスメント項目は表6-2のルーブリックにより採点される。

表6-2 ルーブリック

SCORING RUBRIC

	Levels & Trends	Comparisons	Relevance
Low	Results are not responsive to the question or demonstrate adverse performance.	Comparisons to competitors or industry benchmarks are not presented or demonstrate inferior performance.	Results are not presented for areas of importance.
Medium	Results responsive to the question are presented and demonstrate satisfactory performance.	Comparisons to competitors or industry benchmarks are presented and demonstrate equivalent performance.	Some results presented are for areas of importance.
High	Results responsive to the question are presented and demonstrate favorable performance.	Comparisons to competitors and industry benchmarks are presented and demonstrate superior performance.	Most results presented are for areas of importance.

出典：https://www.nist.gov/baldrige/baldrige-award/award-criteria

そして，多くのアメリカ企業は，MB賞の審査基準と自社の業務を比較することで，セルフアセスメント（Self Assessment）を行い，自社の強みと弱みとを見極めながら改善活動を行っている。

では，日本経営品質賞の場合はどうであろうか。社会生産性本部（現，日本生産性本部）は，日本経営品質賞の創設に関する次のような記述の後，日本経営品質賞の審査基準について述べている [6]。

「1990年代に日本に紹介された顧客満足の考え方を研究，実践する過程で，私たちは米国の競争力復活の原動力の一つとなった米国『MB賞』に出会いました。そしてその考え方の中心にあったセルフアセスメント（自己評価）の考え方を範として取り入れ，1995年12月に（財）社会経済生産性本部が日本経営品質賞を創設しました。賞制度とともに，自らの経営を自己評価するアセスメントの枠組みとアセスメントを行う人材であるセルフアセッサー育成のプログラムを導入し，日本の経営革新の実践を推進して参りました。この実践と学習により創り上げたものが『経営品質向上プログラム』です。このプログラムは，日本経営品質賞受賞企業をはじめ，セルフアセスメントを通じて経営革新を実践してきた多くの組織の努力によって，独自の経営革新プログラムとして世界から注目をされています」と述べ，そして，「1995年に創設された『日本経営品質賞』は，『経営品質向上プログラム』の中核的活動であります」と述べている。

日本経営品質賞では，顧客価値経営を目指して変革を進めるモデルとして認められた組織を表彰する制度として掲げ，2024年度の日本経営品質賞の審査基準は，表6-3に示すカテゴリーとなっている [7]。

| 表6-3 | 2024年度の日本経営品質賞のカテゴリー |

（0）申請組織の特徴

（1）経営の設計図－6要素
　1．ありたい姿
　2．戦略
　3．組織能力
　4．顧客・市場
　5．顧客価値
　6．組織変革目標（重要課題と達成目標）
（2）変革活動－5領域
　1．ありたい姿（変革）－リーダーシップ・社会的責任
　2．戦略－思考・実践
　3．組織能力－向上・開発
　4．顧客・市場－洞察・理解
　5．顧客価値－創造・提供
（3）変革活動の成果－3領域
　1．組織変革目標に関する結果
　2．持続性と卓越性に関する結果
　3．変革活動の振り返り

出典：2024年度日本経営品質賞申請・審査ガイドブック

　申請組織が提出する申請書類をもとに，申請組織とのコミュニケーションを含む審査が行われ，顧客価値経営の実現やありたい姿に向けた変革を促進しているかが検討され，表6-4～6の評価基準にもとづいて評価が行われる。

表6-4 全体に関する評価基準

表彰該当レベル			状態
本賞	S		変革の好循環が生まれ，顧客価値経営が実践され続けている。 変革活動の成果が出ている。
推進賞	A	＋	変革を通じて，顧客価値経営が実践されている。 変革活動の成果が出ている。
		－	変革を通じて，顧客価値経営が実践されている。 いくつかの変革活動の成果が出始めている。
奨励賞	B	＋	変革を通じて，顧客価値経営が実践され始めている。 いくつかの変革活動の成果が出始めている。
		－	変革を通じて，顧客価値経営が実践され始めている。
該当なし	C		顧客価値経営があまり実践されていない。

出典：2024年度日本経営品質賞申請・審査ガイドブック

表6-5 変革活動に関する評価基準

		状　態
S		経営の設計図と結びつく活動が好循環で実践されている。
A	＋	経営の設計図と結びつく活動が実践されている。 変革実践サイクルが有効に回っている。
	－	経営の設計図と結びつく活動が実践されている。 変革実践サイクルが回っている。
B	＋	経営の設計図と結びつく活動が実践され始めている。 変革実践サイクルが回り始めている。
	－	経営の設計図と結びつく活動が実践され始めている。
C		経営の設計図と結びつく活動があまり実践されていない。

出典：2024年度日本経営品質賞申請・審査ガイドブック

140

| 表6−6 | 変革活動の成果に関する評価基準 |

状態		
S		経営の設計図に結びついた結果が継続的に出ている。
		振り返りが有効に行われている。
A	+	経営の設計図に結びついた結果が出ている。
		振り返りが有効に行われている。
	−	経営の設計図に結びついた結果が出ている。
		振り返りが行われている。
B	+	経営の設計図に結びついた結果が出始めている。
		振り返りが行われ始めている。
	−	経営の設計図に結びついた結果が出始めている。
C		経営の設計図に結びついた結果があまり出ていない。

出典：2024年度日本経営品質賞申請・審査ガイドブック

演習問題

1 TQCとTQMの相違点について比較表を作成することで整理せよ。
2 今年度のMB賞の審査基準を調べよ。
3 今年度の日本経営品質賞の審査基準を調べよ。
4 MB賞と日本経営品質賞の違いを述べよ。

引用・参考文献

[1] JIS Q9000：2015
[2] 吉田耕作『ジョイ・オブ・ワーク−組織再生のマネジメント』日経BP社，2005年
[3] 吉田耕作「日本のQCサークルはなぜ衰退したのか−新しい小集団活動（CDGM）の提言−」日本経営品質学会平成16年度春季大会予稿集，pp.43−50，2004年
[4] 寺本義也，岡本正耿，原田保，水尾順一『経営品質の理論−実践との相互進化を求めて−』生産性出版，2003年
[5] デビッド・ハットン（井手重輔監訳）『経営品質アセスメント−高業績企業の組織変革ロードマップ−』生産性出版，2002年

[6] https：//www.jqac.com/
[7] https://www.jqac.com/jqaward/index/

第7章

ISO9000ファミリー規格

1 QCの第2の流れ

　1920年代にシューハートが考えたQCは，統計的な考え方を用いて製品の品質を効率的に管理する方法で，これは生産者の立場からのアプローチであった。しかし，シューハートの考えを採用し，実用化したのは第2次世界大戦中のアメリカ軍であり，これはバラツキの少ない製品を購入しようとする購入者の立場からのアプローチであった。ここからQCは2つの流れに分かれることになる。

　第1の流れは，良い品質の製品を作るためのQCであり，これは，戦後デミングによって日本で普及し，日本のTQCとして開花した。

　第2の流れは，良い品質の製品を購入するためのQCであり，これは，第2次世界大戦中にアメリカ軍によって普及活動が行われ，その後ヨーロッパを中心に普及し，ISO 9000ファミリー（ISO 9000 family）規格によるQCとして世界的に広まってきている。本書では，「ISO 9000シリーズ（ISO 9000 series）規格」と「ISO 9000ファミリー規格」の両方の呼び方を，2000年に制定されたISO 9000を境にして変えることにする。そのため，ISO 9000シリーズ規格という名称を用いるときには，

2000年の改定版以前の規格のことを示し，ISO 9000ファミリー規格という名称を用いるときは，2000年の改定版以降の規格のことを示す。

　さて，第2次世界大戦中，アメリカ軍は，戦争に必要な膨大な数の工業製品の品質を確保するため，シューハートによって開発された管理図法などを3つの戦時規格"American War Standards Z1.1-1941, Z1.2-1941 and Z1.3-1942"に，わかりやすくまとめ，これを中心にQCの教育普及活動を行うとともに，検査に抜取検査法を採用して，納入業者にSQCの実施を促した。アメリカ軍がSQCの普及に積極的であったことは，その後の品質の考え方に，大きな貢献を果たすこととなった。しかしながら，アメリカ軍は，購入者であり，生産者ではなかったため，軍が要求するQCと生産者が必要とするQCとは同じものではなかった。購入者の立場のQCにおいては，製品品質の検査をどう行うかが問題になる。抜取検査法など検査の方式について様々な検討がなされるが，高度な技術的製品においては，検査だけで製品の品質を確保することは困難であった。したがって，品質をより確実なものにするためには，供給先の工程で，製造のための品質を要求しなければならなくなる。そこで，取引の際に定める品質保証（Quality Assurance）契約において，購入する最終製品の品質規格だけでなく，その設計方法，製造方法，管理方法を品質管理要求事項として定めたのである。さらに，生産者が行うQCの方法までも品質システム要求事項として規定した。これが，1963年に制定されたアメリカ軍用規格（Military Specifications and Standards）"MIL-Q-9858A"である。

　第2次世界大戦後，ヨーロッパには，北大西洋条約機構軍（North Atlantic Treaty Organization；NATO）が駐留していたが，NATO軍では調達する物品の品質問題に苦慮していた。NATO軍の購買部門では，母国の規格管理団体に対して，この問題の対策を要請していた。そ

の結果，アメリカでは1979年にANSI/ASQC Z1-15が制定され，フランスでは，NF X50-110，ドイツでは，DIN 55-35，カナダでは，CSA Z229などが制定された。特に，イギリス規格協会（British Standards Institution；BSI）が1979年に発行したBS 5750は，ISO 9000シリーズ規格の誕生に大きな影響を与えたと言われている［1］。以上のようにして，購入者からの要求としてのQCが発展していった。

なお，ANSIは，アメリカ規格協会（American National Standard Institute），ASQCは，アメリカ品質管理協会（American Society of Quality Control），NFは正式フランス規格（Norme Francaise），DINはドイツ工業規格（Deutsche Industrie Normen），CSAはカナダ規格協会（Canadian Standards Association）である。また，ANSI自身では規格制定が行われず，他団体の標準・規格をANSI/TIA ANSI/EIA等のヘッダで発行している。さらに，現在ヨーロッパ各国は，原則としてヨーロッパ規格（European Standard；EN）に準拠することが求められている。

② ISO 9000シリーズ規格

前節で述べたように，1960〜1970年代，アメリカやヨーロッパにおいて軍需調達を中心に購入者サイドからの品質保証のニーズが高まり，各国で品質保証システム規格が制定されたが，国家間で品質保証システムが異なることは，国際通商活動を阻害することになる。このような理由から，1979年にISO内に品質マネジメントおよび品質保証の分野に関する技術専門委員会 "TC 176（Technical Committee 176）"（第176 技術専門委員会）が設置され（図7-1），国際標準化規格活動が開始された。そして，TC 176の第1回総会は1980年に開催された。

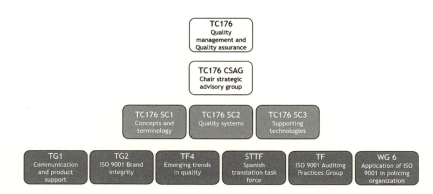

出典：https://committee.iso.org/home/tc176

図7-1　TC 176

　2024年現在のTC 176では，図7-1のように，TCの下に3つの分科委員会（Sub-Committee；SC）を持つ構造となっている。各SCはそれぞれ，SC1が概念および用語（concepts and terminology），SC2が品質システム（quality systems），SC3が技術支援（supporting technologies）となっている。（図中の組織名称は，以下の通りである。議長戦略諮問グループ（Chair's Strategic Advisory Group；CSAG），タスクグループ（Task Groups；TG），タスクフォース（Task Force；TF），スペイン語翻訳タスクフォース（STTF），ワーキンググループ（Working Groups；WG）（作業部会））

　なお，TC/SCへの参加資格は，投票権のあるPメンバ（Participation member）と情報を受けるだけのOメンバ（Observer member）に区分される。

　そして，規格審議手順は，作業原案（Working Draft；WD）→委員会原案（Committee Draft；CD）→国際規格案（Draft International Standard；DIS）を作成の都度，参加国の意見を求めるため国際会議を

開催し，その後最終国際規格案（Final Draft International Standard；FDIS）の段階で参加国の投票により，3分の2以上の賛成があれば可決され，国際規格（International Standard；IS）となる。

　TC 176により，まず1984年にISO 8402（品質管理および品質保証の用語（vocabulary）規格）が制定された（2000年廃止，ISO 9000 に引き継がれた）。この用語規格では，例えば，品質は，「製品またはサービスが，そのニーズまたは能力を満たす機能に関する特性の全体」と定義され，品質管理は，「品質に関する要件を実現させるために使用される操作上の技術と活動」と定義され，品質保証は，「製品やサービスが品質のために必要とされる要件を満たしているということに関する適切な信頼性を提供するために必要なすべての計画と系統的なアクション」と定義されるなどしている。

　そして，1987年にはBS 5750をベースとしたISO 9000〜9004の5つの品質保証規格（ISO 9000シリーズ規格）が発行された（1994年に改正，2000年に大改正）。このISO 9000シリーズ規格において特筆すべきことは，第三者認証の動きである。TC 176では，規格制定当時，購入者と供給者の二者間取引の際に用いるもので，第三者の認証には用いないものとされていた。しかし，ISO 9000シリーズ規格は，いつしか認証の基準規格として国際的に利用されるようになっていた。

　狭い国土に多くの国がひしめき合っているヨーロッパでは，大国と対等に渡り合うために，統一ヨーロッパとしての大きな経済・政治ブロックを作ることで，対抗しようとしていた。そのため，アメリカ，旧ソ連に対抗できる経済圏の設立をめざして，1958年には，ヨーロッパ経済共同体（European Economic Community；EEC）が，1967年に，ヨーロッパ共同体（European Communities；EC）が，そして，1993年にヨーロッパ連合（European Union；EU）が発足している。統一した経

済ブロックを作るためには，多くの通商障壁を取り除かねばならなかった。そのため，工業製品標準を統一して，ブロック内の商取引を活発化するための方策のひとつとして，ISO 9000シリーズ規格が採用された。ISO 9000シリーズ規格によって，供給者の品質保証能力を客観的に補足しようとしたのである [1]。そして，このような背景から，2000年版から第三者認証が実現することになる。

さて，1987年に制定されたISO 9000シリーズ規格は，次の通りである。

① ISO 9000：1987「品質マネジメントと品質保証の規格−選択と使用の指針（Quality management and quality assurance standards−Guidelines for selection and use）」

② ISO 9001：1987「品質システム−設計／開発，製造，据付けおよび付帯サービスの品質保証モデル（Quality system−Model for quality assurance in design/development, production, installation and serving）」

③ ISO 9002：1987「品質システム−製造，据付けおよび付帯サービスの品質保証モデル（Quality system−Model for quality assurance in production, installation and serving）」

④ ISO 9003：1987「品質システム−最終検査と試験の品質保証モデル（Quality system−Model for quality assurance in final inspection and test）」

⑤ ISO 9004：1987「品質マネジメントと品質システム要素の指針（Quality management and quality system elements Guidelines）」

ISOでは5年に1回規格を見直すことになっている。ISO 9000シリーズ規格も当初は，1992年に改定を予定していたが，実際には1994年に改定規格として1994年版が発行された。この1994年版では，小幅な改定に

とどまった。

③ ISO 9000ファミリー規格

　1987/1994年版のISO 9000シリーズ規格は，製品規格と組み合わせて，購入者と供給者の二者間取引で利用されることが想定されていた。しかし，この規格を利用した第三者審査が拡大し，その中で拡大解釈や不適切な使用といった混乱が生じるようになっていた。また，製造業が前提となっており，経営者の関与が不明確，などの問題点が指摘されてきた。

　こうした流れを受けて2000年12月20日に2000年版への大改定が行われた。そして，基本的な考え方が「品質保証」から「品質マネジメントシステム」へと変更された。構成の面でも，ISO 9001：1994，9002：1994，9003：1994はISO 9001：2000に統合，環境マネジメントシステム監査との整合性の観点からISO 19011が発行され，ISO 9000ファミリー規格は，4つのコア規格に整理された（図7-2）。この9000番台と，番号を持たない関連規格・文書を含めた，品質マネジメントシステムに関する一連の規格類のことを「ISO 9000ファミリー規格」と呼ぶ。

　ISO 9000ファミリー規格の中で，コアとなる規格の2005年度版の改定は，2005年9月15日に発行されたISO 9000：2005である。当初は改訂版規格としてではなく追補（amendment）として発行される予定であったが，使いやすさを考慮して改訂版（revision）として発行されることになった。2000年版とは大幅な変更はないが，ISO 19011を含むISO 9000ファミリー規格との整合性の観点から，いくつかの用語の定義が追加されたり，定義および参考の記述に変更が加えられた。例えば，技術専門家，要求事項，力量，契約，監査員，監査チーム，監査計画，監査範囲である。このうち，用語として追加されたのは，契約，監査計

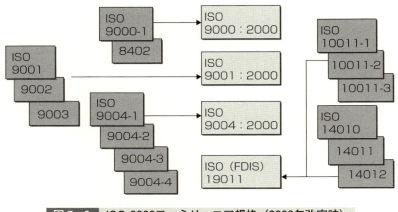

図7-2　ISO 9000ファミリーコア規格（2000年改定時）

画，監査範囲である。

　さて，ISO 9000ファミリーコア規格は，次の通りである。

① ISO 9000：2015「品質マネジメントシステム－基本および用語（Quality management systems – Fundamentals and vocabulary）」

② ISO 9001：2015「品質マネジメントシステム－要求事項（Quality management systems – Requirements）」

③ ISO 9004：2018「品質マネジメントシステム－パフォーマンス改善の指針（Quality management systems – Guidelines for performance improvements）」

④ ISO 19011：2018「マネジメントシステムの監査のための指針（Guidelines for management systems auditing）」

　ISO 9000は，品質マネジメントシステムの基本を説明し，品質マネジメントシステムの用語を規定している。ISO 9001は要求事項の規定で，顧客満足と品質マネジメントシステムの継続的な改善を目的に，最低限確実に行うべきことを定めている。これは内部監査，第三者審査の

際の審査基準としても使われる。一方，ISO 9004は品質マネジメントを行っていく際の指針で，すべての利害関係者の相互作用の中で品質マネジメントの「システム」をどのように効果的に機能させるかという位置づけのもので，組織内部の改善モデルとなる。そして，顧客およびその他の利害関係者の満足を目的とする。ISO 9001とISO 9004は独立した規格ではあるが，整合性のとれた一対の規格（コンシステントペア）として利用されることが意図されている。

　また，ISO 9000ファミリー規格のその他の主な規格は次の通りである。

- ・ISO 10005：2018「品質マネジメントシステム－品質計画書についての指針」
- ・ISO 10006：2017「品質マネジメントシステム－プロジェクトにおける品質マネジメントの指針」
- ・ISO 10007：2017「品質マネジメントシステム－構成管理の指針」
- ・ISO 10012：2003「測定マネジメントシステム－測定手順および測定装置の要求事項」
- ・ISO 10013：2021「品質マネジメントシステム－文書化された情報の指針」
- ・ISO 10014：2021「品質マネジメントシステム－質の高い結果を得るための組織の運営管理－財務的及び経済的便益を実現するための指針」
- ・ISO 10015：2019「品質マネジメント－力量マネジメントおよび人材育成のための指針」
- ・ISO 10017：2021「ISO 9001：2015のための統計的手法に関する指針」
- ・ISO 10019：2005「品質マネジメントシステムコンサルタントの選

定およびそのサービス利用のための指針」

（2024年4月3日現在）

さて，ISO 9000ファミリー規格では，基本的な考え方が「品質保証」から「品質マネジメントシステム」へと変更されたわけであるが，品質マネジメントシステムとしてのアプローチについては，ISO 9001：2015による「品質マネジメントシステムの採用」が参考になるであろう。以下は，ISO 9001：2015を翻訳したJIS Q9001：2015から引用した「品質マネジメントシステムの採用」である［2］。

〈**品質マネジメントシステムの採用**〉

「品質マネジメントシステムの採用は，パフォーマンス全体を改善し，持続可能な発展への取組みのための安定した基盤を提供するのに役立ち得る，組織の戦略上の決定である。 組織は，この規格に基づいて品質マネジメントシステムを実施することで，次のような便益を得る可能性がある。

a）顧客要求事項及び適用される法令・規制要求事項を満たした製品及びサービスを一貫して提供できる。

b）顧客満足を向上させる機会を増やす。

c）組織の状況及び目標に関連したリスク及び機会に取り組む。

d）規定された品質マネジメントシステム要求事項への適合を実証できる。

内部及び外部の関係者がこの規格を使用することができる。

（略）

この規格で規定する品質マネジメントシステム要求事項は，製品及びサービスに関する要求事項を補完するものである。

この規格は，Plan-Do-Check-Act（PDCA）サイクル及びリスクに基

づく考え方を組み込んだ，プロセスアプローチを用いている。

　組織は，プロセスアプローチによって，組織のプロセス及びそれらの相互作用を計画することができる。

　組織は，PDCAサイクルによって，組織のプロセスに適切な資源を与え，マネジメントすることを確実にし，かつ，改善の機会を明確にし，取り組むことを確実にすることができる。

　組織は，リスクに基づく考え方によって，自らのプロセス及び品質マネジメントシステムが，計画した結果からかい（乖）離することを引き起こす可能性のある要因を明確にすることができ，また，好ましくない影響を最小限に抑えるための予防的管理を実施することができ，更に機会が生じたときにそれを最大限に利用することができる。

　ますます動的で複雑になる環境において，一貫して要求事項を満たし，将来のニーズ及び期待に取り組むことは，組織にとって容易ではない。組織は，この目標を達成するために，修正及び継続的改善に加えて，飛躍的な変化，革新，組織再編など様々な改善の形を採用する必要があることを見出すであろう。」

　以上のアプローチを採用する組織は，その組織のプロセス能力およびその製品の品質に対する信頼感を生み出し，継続的改善に対する基礎を提供できる。これは，顧客およびその他の利害関係者の満足度を高めること，ならびに組織の成功をもたらすことにつながる。

④　審査登録制度

　品質マネジメントシステムにおける組織は，顧客に提供する製品の品質を，顧客要求事項にいかに適合させるかを経営の基本としている。そのため，第三者である審査登録機関が，組織の品質マネジメントシステ

ムを，顧客に代わって国際規格であるISO規格により審査し，適合組織として登録を行う。このような，組織の品質マネジメントシステムに信頼性を付与する制度が，審査登録制度である。また，審査登録機関が審査登録した適合組織のリストを公表することにより，顧客は自らの労力を費やすことなく購入先を選定できる。

第8章で述べる環境マネジメントシステムのISO規格においても，審査登録制度を採用しており，この他にも労働安全衛生マネジメントシステム（OHSAS 18001），食品安全マネジメントシステム（ISO 22000：2018），情報セキュリティマネジメントシステム（ISO/IEC 17799：2005），個人情報保護マネジメントシステム（JIS Q 15001：2023），なども同様である。以下，品質マネジメントシステム（環境マネジメントシステム）の審査登録制度について述べる。

日本における審査登録制度では，認定機関として，公益財団法人日本適合性認定協会（The Japan Accreditation Board for Conformity Assessment；JAB）が，審査登録機関，審査員評価登録機関，審査員研修機関をそれぞれの評価基準により審査し，認定・登録・公表し，信頼性を与えている（図7-3）。

海外の認定機関には，イギリスの認定機関（United Kingdom Accreditation Service；UKAS），アメリカの認定機関（ANSI-ASQ National Accreditation Board；ANAB），ドイツの認定機関（TGA），オランダの認定機関（RvA），ブラジルの認定機関（INMETRO），イタリアの認定機関（SINCERT），メキシコの認定機関（EMA）などのように各国にひとつずつあり，それぞれに特徴がある。

また，審査登録制度では，組織の業種・製品を表7-1のような39の産業分類を行うことで，あらゆる組織に適用できるように対応している。これを認定範囲と呼び，さらにそれぞれを詳細な経済活動に分類してい

第 7 章　ISO9000ファミリー規格　　155

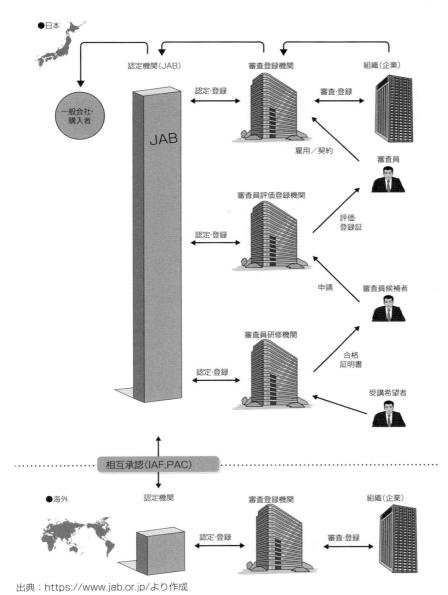

出典：https://www.jab.or.jp/より作成

図 7 - 3　審査登録制度

表7-1 認定範囲

分類番号	産業分類	分類番号	産業分類
1	農業, 林業, 漁業	21	航空宇宙産業
2	鉱業, 採石業	22	その他輸送装置
3	食料品, 飲料, タバコ	23	他の分類に属さない製造業
4	織物, 繊維製品	24	再生業
5	皮革, 皮革製品	25	電力供給
6	木材, 木製品	26	ガス供給
7	パルプ, 紙, 紙製品	27	給水
8	出版業	28	建設
9	印刷業	29	卸売業, 小売業, 並びに自動車,
10	コークス及び精製石油製品の製造		オートバイ, 個人所持品及び家財
11	核燃料		道具の修理業
12	化学薬品, 化学製品及び繊維	30	ホテル, レストラン
13	医薬品	31	輸送, 倉庫, 通信
14	ゴム製品, プラスチック製品	32	金融, 保険, 不動産, 賃貸
15	非金属鉱物製品	33	情報技術
16	コンクリート, セメント,	34	エンジニアリング, 研究開発
	石灰, 石こう他	35	その他専門的サービス
17	基礎金属, 加工金属製品	36	公共行政
18	機械, 装置	37	教育
19	電気的及び光学的装置	38	医療及び社会事業
20	造船業	39	その他社会的・個人的サービス

る。

このような審査登録制度により，組織は，審査機関に登録申請を行い，対象となるISOマネジメントシステム規格の要求事項により審査機関が適合しているか否かを審査し，適合した組織は，その審査対象となったISOマネジメントシステム規格の登録証の発行を受ける。審査登録機関は，適合組織を公表し，認定機関に登録報告を行い，認定機関は登録を公表する。このように，第三者である認証機関が評価し証明したものを

第7章　ISO9000ファミリー規格　　157

取得するので，ISOマネジメントシステム規格の「認証取得」と呼ばれる。

⑤　セクタ規格

　ISO 9000ファミリー規格は，あらゆる分野に汎用的に適用されるものであるため，産業分野によっては必ずしも完全に対応しきれない部分がある。そこで，これを補完するためにISO 9000ファミリー規格に特定の分野における独自の特性を勘案した審査員への特有の要求事項，審査登録機関への特有の要求事項，認定機関への特有の要求事項を付加したものがセクタ規格である。

　このようなセクタ規格や審査登録制度（セクタ・スキーム）が登場した背景には，既存の汎用的な審査登録制度で登録された供給者から納入される部品に対する顧客からの不満の声に応え，また，同時に，膨大な供給者に対して，既存の審査登録制度を利用しつつ審査活動を強化しようというニーズがあった。

　例えば，アメリカの自動車産業は，ビッグスリー（GM，フォード自動車，ダイムラー・クライスラー（Daimler Chrysler））が中心となり，ISO 9001をベースにして，自動車分野の要求事項を追加したQS 9000を1994年に制定した。この規格は，これに続くセクタ規格の端緒を開いたと言える。その後，1991年に，ISO/TS 16949（品質マネジメントシステム－自動車生産および関連サービス部品組織のISO 9001適用に関する固有要求事項）が制定された。

　また，アメリカのゼネラル・エレクトリック（General Electric；GE）の航空宇宙産業部門が，航空宇宙産業製造業者として，顧客の満足を保証するために，世界クラスの品質を可能な限り低コストで生産すること

を目的として，ISO 9001をベースにして制定したのがAS 9000（AS 9001）であり，日本では JIS Q 9100：2016（品質システム－航空宇宙）が2000年に制定されている。

その他にも，医療用具分野のISO 13485：2016（品質システム－医療機器），電気通信機器分野のTL 9000などが挙げられるが，上述のように，それらはあくまでISO 9000ファミリー規格がベースとなっており，ISO 9000ファミリー規格と異なる全く別のものということではない［3］，［4］。

演習問題

1　組織が品質マネジメントシステム規格を取得する理由について述べよ。

2　経営戦略としての品質マネジメントについて述べよ。

3　ISO 9001の要求事項について調べよ。

4　労働安全衛生マネジメントシステムについて調べよ。

5　食品安全マネジメントシステムについて調べよ。

6　情報セキュリティマネジメントシステムについて調べよ。

7　個人情報保護マネジメントシステムについて調べよ。

引用・参考文献

［1］　矢野友三郎・平林良人『新世界標準ISOマネジメント』日科技連出版，2003年

［2］　ISO 9000：2015

［3］　https://www.jab.or.jp/

［4］　大浜庄司『図解でわかるISO9001のすべて』日本実業出版社，2004年

第8章

環境マネジメント

1 成長の限界

　今から半世紀以上も前から問題視されてきた天然資源の枯渇化，環境汚染の進行，開発途上諸国における爆発的な人口増加，大規模な軍事的破壊力の脅威などによる人類の危機に対して，その回避の道を探索することを目的として，1970年3月，ローマクラブ（Club of Rome）が，スイス法人として設立された。ローマクラブは，科学者，経済学者，教育者，経営者などによって構成される民間組織である。設立に先立って，1968年4月にローマで最初の会合を開催したことからローマクラブと名づけられた。このローマクラブが，世界的に有名になったのは，1972年にローマクラブが発表した『成長の限界（The Limits to Growth）』[1]によってである。

　この報告書は，ローマクラブがマサチューセッツ工科大学（Massachusetts Institute of Technology；MIT）のメドウズ（D. H. Meadows）を主査とする国際チームに委託した研究の成果をまとめたものである。メドウズらは，システムダイナミックス（System Dynamics）の手法を使用して，全地球的システムのモデル化を行い，

人口増加や工業投資が続けば，有限な天然資源は枯渇し，環境汚染は自然が許容しうる範囲を超えて進行することになり，100年以内に地球上の成長は限界点に達すると警鐘を鳴らした。そして，地球の破局を避けるために，成長から世界的な均衡へと移っていくことの必要性を訴えた。成長の限界は，地球環境問題の原点を論じたとも言える先駆的な報告で，その果たした役割は大きい。

2 京都議定書

1992年6月3日〜14日，ブラジルのリオデジャネイロにおいて，地球環境サミット（United Nations Conference on Environment and Development；UNCED）が開催された。1972年の国連人間環境会議（United Nations Conference on the Human Environment）（ストックホルム会議（Stockholm Conference））以来20年ぶりに開催された環境に関する国連会議である。地球環境サミットには，172カ国の政府代表と国際機関に加え，多数のNGO（Non-Governmental Organaization：非政府組織）が参加し，緊急を要する環境保護および社会的・経済的開発問題等について話し合われ，環境と開発に関するリオ宣言が採択された。また，森林原則宣言，アジェンダ21などが採択された。さらに，国連気候変動枠組条約（United Nations Framework Convention on Climate Change；UNFCCC），生物多様性条約（Convention on Biological Diversity；CBD）が署名により開放されたが，日本は，これらの条約に署名している。なお，地球環境サミットでの取り決めのキーワードは，「持続可能な発展（Sustainable Development）」である。

さて，国連気候変動枠組条約は，大気中の温室効果ガス（二酸化炭素（以下CO_2），メタン等）の増大が地球を温暖化し自然の生態系等に悪影

第8章 環境マネジメント　　161

響をおよぼすおそれがあることを背景に，大気中の温室効果ガスの濃度を安定化させることを目的としている。1994年に発効され，現在188カ国およびヨーロッパ共同体が締結している（2004年5月現在）。

　この国連気候変動枠組条約の目的を達成するため1997年12月に，京都市の国立京都国際会館で開かれた国連気候変動枠組条約第3回締約国会議（The 3rd Session of conference of parties of the UNFCCC；COP3）で京都議定書（Kyoto Protocol）が採択された。京都議定書の正式名称は，「気候変動に関する国際連合枠組条約の京都議定書（Kyoto Protocol to the UNFCCC）」である。日本は2002年6月4日に締結し，現在152カ国およびヨーロッパ共同体が締結している（2005年8月2日現在）。2004年11月にロシア共和国の締結により発効要件が満たされ，2005年2月16日に発効された。

　京都議定書の内容は以下の通りである。

① 　先進国全体で，温室効果ガス6種類の排出量を，1990年レベルから平均5.2％削減する。共同達成方式で，日本6％，アメリカ7％，EU8％。

　（2001年3月，アメリカの大統領にブッシュ（G. W. Bush）が就任し，京都議定書を支持しないと表明，これによりアメリカは，2005年現在，京都議定書に批准していない。）

② 　期間は2008年から2012年までとする。

③ 　削減目標値達成のため，次の方式を認める。

　1）吸収源として森林などの分を差し引くネット方式

　2）先進国の間でプロジェクトを行う共同実施（Joint Implementation；JI）[注1]

　3）途上国とのプロジェクトを通して削減する，クリーン開発メカニズム（Clean Development Mechanism；CDM）[注2]

4）排出量取引（Emission Trading）[注3]

　これらのルールは，2001年10月〜11月にかけてモロッコのマラケシュで開かれたCOP7において，ようやく法的文書としてまとめられた（「マラケシュ合意（Marrakesh Accords）」）。温暖化問題が議論されはじめてから，具体的な防止策について各国が合意し，京都議定書として採択されるまでに10年を要し，さらに具体的なルールやガイドラインを決め，これを批准可能な形に整えるまでに，4年がかかり，さらに発行までに4年がかかっている。つまり，これだけの合意を得ることがいかに難しいかは，この年数を見れば明らかである。その意味でも，京都議定書は世界が合意した，温暖化を防ぐ唯一の国際的な取り組みであり，最も重要で現実的なツールである。

　なお，京都議定書上，第一約束期間（2008〜2012年）終了後の2013年以降の先進国の削減約束について，2005年11月28日から12月10日にかけて，カナダのモントリオールで開催されたCOP11およびCOPMOP1（First meeting of the Conference of the Parties serving as the Meeting of the Parties to the Cartagena Protocol on Biosafety：京都議定書第1回締約国会合）において議論が行われた。そして，遵守制度などを含む京都議定書の運用ルールにすべて合意し，京都議定書の完成を遂げた。また，京都議定書に定める先進国の第2約束期間の約束（京都議定書第3条9項関係）についての今後の交渉プロセスを合意し，さらに条約のもとで，途上国とアメリカを含む地球規模での長期的行動についての対話のプロセスを合意して終了した。この結果，京都議定書の第1約束期間の取り組みに続く2012年以降のKYOTOIIへの道筋が明らかとなり，地球規模での削減への対話に動き出そうとする第2段階に入ることになった［2］。

注1：京都議定書の6条に規定された活動のことで，地球温暖化防止のための対策手段（京都メカニズムと呼ぶ）のひとつ。ある付属書I国（投資先進国）が，他の付属書I国（ホスト先進国）で温暖化対策のプロジェクトを行い，ベースラインと比較して排出削減があった場合，その排出削減量に対してERU（Emission Reduction Unit：排出削減単位）が発行される仕組み。プロジェクトの実施によって得られたERUは参加両国で分配される。JIは，プロジェクト実施場所（ホスト国）が京都メカニズム参加資格（＝自国の温室効果ガス排出量を正確に把握する体制が整備されているかどうか等）を有しているかどうかによって，ERUの獲得手順が異なる。

第1トラック：ホスト国が京都メカニズム参加資格を有し，ホスト国自身がJIを厳密にチェックできる体制があり，JIに関する各調整事項は投資国・ホスト国間で行われる。

第2トラック：ホスト国が京都メカニズム参加資格を有していないため，プロジェクトの正確性を担保するために第三者機関が審査する必要があり，CDMと似た手順をふむ。CDMで発行されるCER（Certified Emission Reductions：認証排出削減量）と違い，ERUはホスト国が発行・移転を行う。

注2：京都議定書の12条に基づく京都メカニズムのひとつ。付属書I国（先進国）が非付属書I国（途上国）で温暖化対策のプロジェクトを行い，当該プロジェクトがなかった場合と比較して，追加的な排出削減があった場合，その排出削減量に対してCERが発行される。付属書I国（先進国）は，プロジェクトの実施によって得られたCERの全部または一部を自国の排出削減目標達成に用いることができる。CDMプロジェクトの実施は，温室効果ガスを削減（または吸収）するとともに，途上国に対し，先進国の進んだ環境対策技術・省エネルギー技術等の移転促進を目指している。

注3：京都議定書の17条に基づく京都メカニズムのひとつ。温室効果ガス排出量の数値目標が設定されている付属書I国（先進国）間で，排出枠（排出量）の獲得／移転（取引）を認めるものであり，排出権の最小取引単位は1t - CO_2である。排出権取引で獲得・移転が行えるものは，以下の4種類のクレジットである。

1：初期割当量の一部（Assigned Amout Units；AAU：割当量単位）
2：CDMで発行されるクレジット（CER）
3：JIで発行されるクレジット（ERU）
4：吸収源活動における吸収量（Removal Unit；RMU：除去単位）

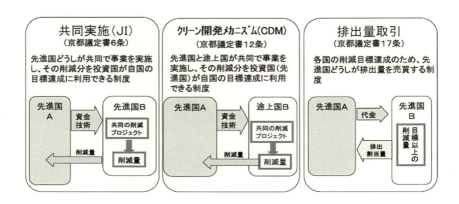

地球温暖化に関連する出来事を表8-1に示す。

2015年にフランスのパリで開催されたCOP21で採択されたパリ協定（Paris Agreement）の特徴を簡単にまとめると，

① 世界共通の長期目標（2℃以内の目標，1.5℃以内の努力目標：産業革命以前と比較した平均気温上昇）

② 京都議定書の後継にあたる2020年以降の気候変動問題に関する枠組み

③ すべての締結国を対象に目標の策定・提出が義務づけられている

である。

表8-1 地球温暖化を巡る主な出来事

1972年	ストックホルム宣言（国連人間環境会議）
1982年	ナイロビ宣言（国連環境計画：UNEP）
1988年	気候変動に関する政府間パネル（IPCC）設立
1990年	IPCC 第1次評価報告書
1992年	リオデジャネイロ宣言（地球サミット）気候変動枠組条約策定，持続可能な開発のための行動計画「アジェンダ21」
1994年	気候変動枠組条約発行

1995年	ベルリンマンデート採択（COP 1）
	IPCC 第2次評価報告書
1996年	閣僚宣言（COP 2）
1997年	京都議定書採択（COP 3）
1998年	ブエノスアイレス行動計画（COP 4）
2000年	MDGs：ミレニアム開発目標（国連ミレニアムサミット）
2001年	ボン合意（COP 6再開会合）
	マラケシュ合意（COP 7）
	IPCC 第3次評価報告書
2002年	ヨハネスブルグ宣言（持続可能な開発に関するサミット）
2005年	京都議定書発効
2007年	ハイリゲンダム・サミット
	パリ行動計画（COP13/CMP 3）
	IPCC 第4次評価報告書
2009年	国際再生可能エネルギー機関：IRENA設立
	コペンハーゲン合意（COP15/CMP 5）
2010年	カンクン合意（COP16/CMP 6）
2011年	ダーバン合意（COP17/CMP 7）
2012年	ドーハ気候ゲートウェイ（COP18/CMP 8）
2014年	IPCC 第5次評価報告書
2015年	SDGs（持続可能な開発目標）採択（国連サミット）
	パリ協定(Paris Agreement)採択（COP21/CMP11）
2016年	パリ協定発効
2018年	IPCC 1.5℃特別報告書公表
	パリ協定の実施指針（COP24/CMP14/CMA 1-3）
	COP24にて15才の環境活動家グレタ・エルンマン・トゥーンベリが演説
2019年	IPCC 海洋・雪氷圏特別報告書
2021年	パリ協定ルールブック（グローバル・ストックテイク：GST）（COP26/CMP16/CMA 3）
2022年	シャルム・エル・シェイク実施計画（COP27/CMP17/CMA 4）
2023年	化石燃料からの脱却で合意，第1回GST終了（COP28/CMP18/CMA 5）
	IPCC 第6次評価報告書

UNEP   United Nations Environment Programme
IPCC   The Intergovernmental Panel on Climate Change
COP   Conference of the Parties on Climate Change

MDGs	Millennium Development Goals
IRENA	International Renewable Energy Agency
CMP	Conference of the Parties Serving as the Meeting of the Parties to the Kyoto Protocol
SDGs	Sustainable Development Goals
CMA	Conference of the Parties Serving as the Meeting of the Parties to the Paris Agreement
GST	Global Stocktake

③ 地球温暖化シミュレーション

　地球シミュレータセンタ（Earth Simulator Center）にある地球シミュレータ（Earth Simulator）は，スーパコンピュータ640台を8台ずつの計算ノードに分割し，高速ネットワークでつないだもので，総プロセッサ数は5,120個，主記憶容量は10テラバイト（Tera Bytes；TB），ピーク性能は40テラフロップス（Tera Floating Operations per Second；TFLOPS）（1TFLOPSは1秒間に1兆回の浮動小数点演算を行う処理能力），2002年4月には，世界最高速として承認，登録された（2005年現在は，世界で第7位）。この地球シミュレータを用いて，東京大学気候システム研究センタ（Center for Climate System Research；CCSR），独立行政法人国立環境研究所（National Institute for Environmental Studies；NIES），独立行政法人海洋研究開発機構地球環境フロンティア研究センタ（Frontier Research Center for Global Change；FRCGC)の合同研究チームは，2100年までの地球温暖化の見通し計算を行い，その結果を2004年9月16日に次のように発表している [3]。

　「地球温暖化について，かねてより世界の各研究機関でコンピュータによる将来の気候変化見通し計算が行われている。このような計算では，大気・海洋を格子に分割し，その上で物理法則を近似して解く。この格子の細かさを解像度といい，解像度を高くするほど大規模なコンピュー

タ資源が必要となる。従来は，大気が300km，海洋が100km程度の解像度の計算しか行えなかったが，地球シミュレータを利用することにより，大気が100km程度，海洋が20km程度の，世界で最高解像度の地球温暖化の計算を行うことに成功し，空間的により詳細な気候変化の検討が可能となった。

1900〜2000年については観測された温室効果気体濃度等の変化を与えて計算を行い，2001〜2100年についてはIPCC（気候変動に関する政府間パネル）により作成された将来のシナリオのうち2つについて計算を行った。ひとつは将来の世界が経済重視で国際化が進むと仮定したシナリオ「A1B」（2100年のCO_2濃度が720ppm），もうひとつは環境重視で国際化が進むと仮定したシナリオ「B1」（2100年のCO_2濃度が550ppm）である。

地球規模の結果は，従来より得られている見通しと概ね同様であった。2071〜2100年で平均した全地球平均の気温は1971〜2000年の平均に比較して，B1で3.0℃，A1Bで4.0℃上昇，同じく降水量はB1で5.2%，A1Bで6.4%の増加となった[注]。気温上昇の地理分布は，北半球高緯度で大きく，海上に比べ陸上で大きい（図8-1）。」

注：気温上昇量の絶対値の予測には大きな不確実性があることが知られているので注意が必要である。現在の世界のモデルの結果を総合すると，大気中CO_2濃度を現在の2倍に固定した場合の気温上昇量は1.5〜4.5℃の幅があると言われている。今回のモデルではこの値は4.2℃となっている。

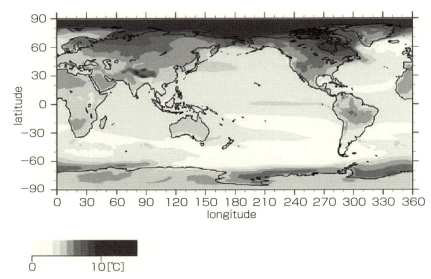

出典:http://www.env.go.jp/earth/earthsimulator/index.htmlより作成

<u>図8-1　年平均地表気温上昇量の地理分布－シナリオA1B（2071～2100年）－</u>

　地球温暖化シミュレーションの結果である図8-1において，最も注目すべき点は，北極周辺の温度上昇である。南極は大陸であるため，大陸の上を覆い尽くしている氷が溶けても地表が吸い取ってくれる。しかし，北極は，氷山であるため，温度上昇によって溶けた氷は，水となり，海面上昇につながる。また，暖められた海水は，熱膨張を起こすことでも海面上昇につながる。これらの理由による海面の上昇は，ひとつの国を水没の危機にさらしている。

　南太平洋のツバルは9つの珊瑚島（環礁の島）からなる小さな島国である。すべての島を合わせても，面積は26km²で，人口は1万人強である。この国は，1978年にイギリスの植民地から独立したとき，8つの島にしか人が住んでいなかったので，8つの島の人達が協力して国を作っていこうという意味をこめて，国名を"TUVALU：ツバル"（現地語でTU

＝立ち上がる ＋ VALU ＝ 8 ）と決めた [4]。

　現在確実に進みつつある温暖化は，平均海抜1mしかないこの国を，水没へと追い込みつつある。また，海面上昇が1mあった場合，日本の砂浜の9割は消滅すると言われている。これらが現実化されないためにも，早急に温暖化防止策を考えていかなければならない。

　さて，公益財団法人地球環境産業技術研究機構（Research Institute of Innovative Technology for the Earth；RITE）では，日本政府によって提唱された「地球再生計画（New Earth21）」のイメージを，モデル計算によって定量的に具体化している。1990年，日本政府は，経済成長と環境保護の両立を確保するためには，技術によるブレークスルーの推進やエネルギー効率の一層の向上が必要不可欠であるとの認識から，温室効果ガス排出削減のための新しい技術開発および技術移転による問題の解決を目指した「地球再生計画」を提唱した。産業革命以来200年かけて変化した地球を，今後数十年かけて再生することを目指し，環境・エネルギー技術の①発展途上国に対する技術移転，②更なる革新的な開発の2点を核として，世界各国が協調して温室効果ガス排出抑制・削減のための総合的かつ長期的な行動を進めることを地球再生計画として，1990年のヒューストン・サミットにおいて国際的に提唱したのである。

　地球再生計画は，
　　1） 世界的な省エネルギーの推進
　　2） クリーンエネルギーの大幅な導入
　　3） 革新的な環境技術の開発
　　4） CO_2 吸収源の拡大
　　5） 次世代を担う革新的エネルギー関連技術の開発
の5つの柱から成り立っている（図8-2）。

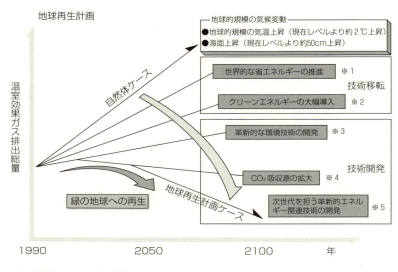

図8-2　地球再生計画

　そして、この課題解決に向けて、産業界、学界、地方自治体および国の強力な支援・指導のもと、1990年7月に設立された組織がRITEである。RITEによれば、「大気中CO_2濃度550ppmv安定化ケース」における世界全体の対策技術別のCO_2排出削減効果を図8-3のように示している。この図は、「リファレンスケース」および「大気中CO_2濃度550ppmv安定化ケース」の1次エネルギー生産量、CO_2貯留・隔離量、CO_2排出量の計算結果をもとに、2次的に作成したグラフである。

　RITEによれば、単独の技術によってCO_2を削減するのではなく、様々な技術を適切に利用することによって、コスト効率的なCO_2削減が

第8章　環境マネジメント　　171

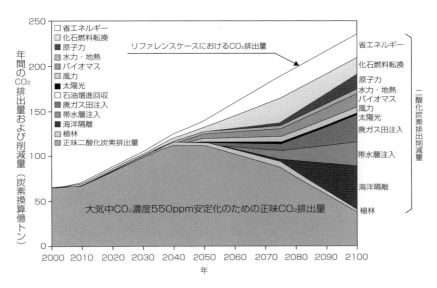

出典：http://www.rite.or.jp/より作成

図8-3　対策技術別のCO₂排出削減効果

可能であると述べている。その中にあって，21世紀前半は省エネルギーや化石燃料間の燃料転換，一方，21世紀後半においては，CO_2貯留・隔離技術の役割が大きいと言っている。

　図8-3において，リファレンスケースは，何も対策をとらなかった場合のCO_2の排出量であり，この推移は，先の地球シミュレータの結果を，予想（2071〜2100年）よりも早く招いてしまうかもしれない。

4 ISO 14000シリーズ規格

　ISO 14000シリーズ規格は，これまで述べてきたような世界的な環境重視の流れから生まれた。1992年，リオデジャネイロで開催された「地球環境サミット」に合わせて結成された「持続的発展のための産業界会議（Business Council for Sustainable Development；BCSD）」が，環境マネジメント（Environmental Management）規格の制定をISOに勧告する。そして，1993年にISO内に環境マネジメントの分野に関する技術専門委員会 "TC 207"（第207 技術専門委員会）が設置され，国際標準化規格活動が開始された。1996年に初版が発行され，2004年には要求事項の明確化，ISO 9001との両立性を向上した改訂版が発行されている。なお，1992年に制定されたイギリスのBS 7750は，ISOにおいて環境マネジメントシステムの検討が行われた時期に，その全体像が明確になっていた唯一の例であり，ISO 14000シリーズ規格の構成に影響を与えた [5]。

　2024年現在のTC 207では，SC1が環境マネジメントシステム（Environmental Management Systems；EMS），SC2が環境監査（Environmental Auditing & Related Practices；EA&RP），SC3が，環境ラベル（Environmental Labeling；EL），SC4が，環境パフォーマンス評価（Environmental Performance Evaluation；EPE），SC5が，ライフサイクルアセスメント（Life Cycle Assessment；LCA），SC7が，温室効果ガスと気候変動の管理および関連活動（Greenhouse Gas and Climate Change Management and Related Activities）から構成されている。

　さて，ISO 14000シリーズ規格は，ISO 9000ファミリー規格と同様に，

第8章 環境マネジメント　173

組織が規格に適合した環境マネジメントシステムを構築していることを宣言，認証取得するために用いられ，その企業や組織が，環境配慮の姿勢・活動を行っていることを示す手段となる。認証取得を通じて，企業体質・組織体質を変え，企業・組織を優良企業・優良組織に導くことが目標となる。

ISO 14000シリーズの概要は，次の通りである。

- ・ISO 14001：2015「環境マネジメントシステム－要求事項および利用の手引（Environmental management systems－Requirements with guidance for use）」
- ・ISO 14004：2016「環境マネジメントシステム－原則，システムおよび支援技法の一般指針（Environmental management systems－General guidelines on principles, systems and support techniques）」
- ・ISO 14010シリーズ「環境マネジメント－環境監査」
- ・ISO 14020シリーズ「環境ラベルおよび宣言」
- ・ISO 14030シリーズ「環境マネジメント－環境パフォーマンス評価」
- ・ISO 14040シリーズ「環境マネジメント－ライフサイクルアセスメント」
- ・ISO 14050 シリーズ「用語と定義」
- ・ISO 14060 シリーズ「温暖効果ガス」
- ・ISO 14063 「環境コミュニケーション」
- ・ISO Guide64 「製品規格に環境側面を導入するための指針」
- ・ISO/TR 14062：2002 「環境マネジメント－環境適合設計」

（2024年4月現在）

⑤ ISO 9001およびISO 14001認証取得件数

　図8-4は，2004年に公表された世界のISO 9001およびISO 14001認証取得件数の上位10国を表している。日本におけるISO 9000シリーズ規格に対する認識は，1990年に入るまでは，ないに等しかった。日本は，TQCに絶大な自信があり，国際規格よりもより高度な品質管理を行っているという自負もあった。しかし，1990年に入ると，輸出企業を中心に，ISO 9000シリーズ規格に基づく審査登録の問い合わせが輸出相手先から頻繁に入るようになってきた。そして，海外の輸出相手組織から審査登録証の取得を要請されると，ISO 9000シリーズ規格の認証取得に乗り出さねばならなくなり，その関心も次第に高まっていった。このような経緯から，日本は，品質立国でありながら，ISO 9001の認証取得件数が，世界で4番目になっている。これに対して，1位の中国の認証取得件数は群を抜いている。

　さて，日本は，ISO 9001認証取得で遅れをとった反省から，ISO 14000シリーズ規格に対しては，早くから高い関心があり，発行時から積極的にISO 14001認証取得が行われた。また，国内においても購入取引先にISO 14001認証取得を要求する場合もあり，例えば，自動車メーカのマツダは，2002年12月までに，すべての購入取引先に対してISO 14001の認証取得を求めている。このようにして，ISO 14001認証取得件数は，世界で群を抜き，一番多い結果が得られていた。

　しかし，2024年に公表された2022年の認証取得件数（図8-5）では，ISO 9001：2015で日本は6位に後退し，ISO 14001：2015では2位に後退している。2024年の世界GDPランキングで，4位に後退したことからも品質立国への再興が願われる。

第8章　環境マネジメント　　175

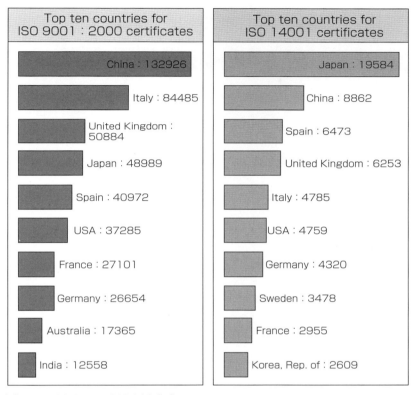

出典：The ISO Survey-2004より作成

図8-4　ISO 9001およびISO 14001認証取得件数の上位10国（2004年11月15日現在）

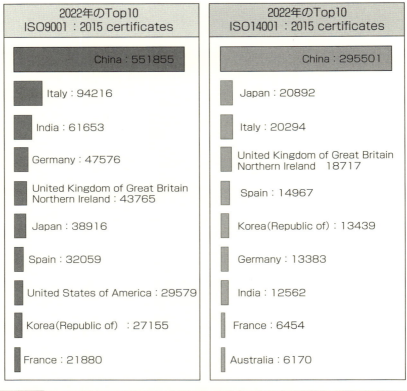

図 8-5 ISO 9001およびISO 14001の認証取得件数の上位10国（2024年4月3日現在）

演習問題

1 地球温暖化に限らず，地球の環境問題について調べよ。
2 日本の企業が，環境問題に取り組んでいる具体的な姿勢を述べよ。
3 京都メカニズムや環境問題関連の新規ビジネスについて調べよ。
4 組織が環境マネジメントシステム規格を取得する理由を述べよ。
5 ISO 14001の要求事項について調べよ。

引用・参考文献

[1]　ドネラ H.メドウズ『成長の限界－ローマ・クラブ人類の危機レポート』ダイ
　　ヤモンド社，1972年
[2]　https://www.mofa.go.jp/mofaj/gaiko/kankyo/kiko/cop11_2_gh.html
[3]　https：//www.env.go.jp/earth/earthsimulator/index.html
[4]　https://www.library.metro.tokyo.lg.jp/guide/event/uploads/tuvalu.pdf
[5]　岡本眞一『環境マネジメント入門』日科技連出版，2002年

第9章

シックスシグマ経営

1 シックスシグマの生みの親と育ての親

　1986年の終わり頃，マサチューセッツ工科大学（MIT）は，第2次世界大戦以降のアメリカの主要課題を検討するために，同大学で初めての調査委員会であるMIT産業生産性調査委員会（MIT Commission on Industrial Productivity）を発足させた。

　この調査委員会は，MITの各学部から選ばれた経済，技術，組織，経営，政治などの分野での第一線級の三十数名の専門家がメンバとなり，2年という歳月をかけ，アメリカ，日本，ヨーロッパにおよぶ200社の企業を訪問調査し，数百回におよぶインタビューを実施し，経営者と労働組合幹部などの証言を聴取して，詳細な調査データをベースとした緻密な調査研究を行った。そして，1989年に"Made in America"と呼ばれる報告書が公表され，1990年代のアメリカの復活に大きく貢献することになる。

　この"Made in America"の取りまとめの中心となったMIT産業パフォーマンスセンタ所長のレスター（R. K. Lester）は，"Made in America"以降の10年間における驚異的なアメリカ産業の復活の要因と

現状を考察し，不確実性と不安定性が避けられない21世紀における個人，企業，社会のベストプラクティス（best practice：最優良な事例）を提示した"The Productive Edge（競争力）"[1] を2000年に出版する。この著書の中で，モトローラ（Motorola）に関して，次のような記述があるので紹介しておこう。

「1980年代半ば，モトローラは当時台頭しはじめた携帯電話ビジネスから全面的に撤退することを真剣に検討した。品質問題のため（同社製品の欠陥商品率は日本のライバル会社製品の10〜20倍と言われていた），同社の（アメリカ）国内市場シェアは急速に落ち込んでいた。携帯電話事業部門がマイナスの出荷率を報告するという悲惨な月もあった。出荷製品数を返品数が上回ったからだ。（略）会社内外の多くの目に携帯電話は，日本からの低コスト高品質の輸入品に圧され1970年代半ばに廃止されたカラーテレビ部門や，DRAM半導体事業と同じ道をたどる運命に映った。」

しかしモトローラは，このような逆境から立ち直った。それは，日本のTQCを徹底的に研究し，「シックスシグマ（Six Sigma）」という手法を開発したからである。モトローラには，社内教育機関として「モトローラ大学（Motorola University）」があるが，その機関内に「シックスシグマ・インスティテュート（Six Sigma Institute）」を設立し，全社展開におよんだ。そして，第6章で述べたMB賞の第1回受賞社（1998年度製造業部門）となった。

シックスシグマの手法の開発に当たっては，日本の製造業で活発に行われているQCサークル活動（小集団活動）が参考にされた。そして，ボトムアップ型かつ暗黙知が支配的な日本のQCサークル活動を，トップダウンで行う手法として，また統計的手法を取り入れた定量的評価を中心とした手法として開発された。これらの経緯を図9-1に示す。

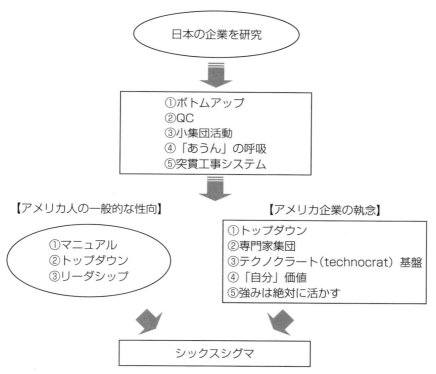

出典：青木保彦他『シックスシグマ導入戦略』ダイヤモンド社，1998年

図9-1　シックスシグマ誕生の背景

　このようにして，モトローラで考案されたシックスシグマは，その後GEが経営全体のプロセス改革に適用して発展させていった。モトローラが生みの親であるならば，GEは育ての親であると言われている。

　さて，シックスシグマは，モトローラから，アライドシグナル（Allied Signal）（現ハネウェル（Honeywell））を経て，1990年代半ばには，GEが，製造プロセスではなく経営活動中に存在するプロセス全般を対象に，顧客視点をベースに経営改革を実現する手段として導入し，大きな成果を上げ，その後サン・マイクロシステムズ（Sun

Microsystems）やアセア・ブラウン・ボベリ（Asea Brown Boveri）
などが導入し，次々に成果を上げたことから，経営改革手法として一躍
有名になった。

　かつて，GEのWebページには，次のような記述があった［2］。
「シックス・シグマはGE全社の企業文化

　GEでは全社員を対象に，シックス・シグマのさまざまな研修コース
が用意されています。また，社内にはグリーンベルト，ブラックベルト，
マスター・ブラックベルトと呼ばれるランクがあり，業務改善は全社的
に徹底して行われています。」

　その後1990年代後半になって日本にも紹介され，1999年に東芝が全社
的な適用を行い，ソニーでも導入されるなど，その適用企業は年々増加
している。なお，"Six Sigma" は，モトローラの登録商標となってい
る。

② シックスシグマの目標

　QCでは，「ばらつき」をコントロールすることが欠かせなかったが，
その方法として，第4章で述べた管理図では，3シグマ法が用いられた。
このシグマ（σ）は，標準偏差のことで，分布の「ばらつき」を示して
いた。3シグマ法は，品質のばらつきを標準偏差で測定し，正規分布の
中心に平均から$\pm 3\sigma$を上限・下限管理限界として，管理限界の外に出
た場合や管理限界内にあっても，管理状態に異常が見られる場合には，
対応・処置を行うことで品質を維持しようとした。シックスシグマは，
この分布のばらつきを表す$\pm 6\sigma$を使用することが，その名の由来であ
る。

　第4章において，正規分布の場合で，全体の68.27％は中心から$\pm 1\sigma$

のばらつきの範囲内に収まり，95.45％でも中心から±2σの範囲内に，99.73％が中心から±3σの範囲内に収まることを演習で確認した（第4章第4節演習6）。実は，世の中の一般的な事象の起こる確率は，ほぼ

表9-1　シックスシグマ換算表

歩留まり（％）	DPMO	σ	歩留まり（％）	DPMO	σ
6.68	933,200	0	94.79	52,100	3.125
8.455	915,450	0.125	95.99	40,100	3.25
10.56	894,400	0.25	96.96	30,400	3.375
13.03	869,700	0.375	97.73	22,700	3.5
15.87	841,300	0.5	98.32	16,800	3.625
19.08	809,200	0.625	98.78	12,200	3.75
22.66	773,400	0.75	99.12	8,800	3.875
26.595	734,050	0.875	**99.38**	**6,200**	**4.0**
30.85	**691,500**	**1.0**	99.565	4,350	4.125
35.435	645,650	1.125	99.7	3,000	4.25
40.13	598,700	1.25	99.795	2,050	4.375
45.025	549,750	1.375	99.87	1,300	4.5
50	500,000	1.5	99.91	900	4.625
54.975	450,250	1.625	99.94	600	4.75
59.87	401,300	1.75	99.96	400	4.875
64.565	354,350	1.875	**99.977**	**230**	**5.0**
69.15	**308,500**	**2.0**	99.982	180	5.125
73.405	265,950	2.125	99.987	130	5.25
77.34	226,600	2.25	99.992	80	5.375
80.92	190,800	2.375	99.997	30	5.5
84.13	158,700	2.5	99.99767	23.35	5.625
86.97	130,300	2.625	99.99833	16.7	5.75
89.44	105,600	2.75	99.999	10.05	5.875
91.545	84,550	2.875	**99.99966**	**3.4**	**6.0**
93.32	**66,800**	**3.0**			

出典：パンディ他『シックスシグマ・ウェイ』日本経済新聞社，2000年

±3σの範囲内で収まると考えられている。そして，シックスシグマでは，これよりもさらに厳しい±6σの範囲でも起こり得ないような状態に到達するという目標を持つ。

　ただし，シックスシグマでは，表9-1に示すような機会100万件当たりの欠陥数を表す単位DPMO（Defects Per Million Opportunities）で考える [3]。

　ここでは，プロセスの対象物，あるいは顧客に提供される最終製品またはサービスをユニット（Unit）と呼ぶことにする。そして，顧客の要求や顧客の満足基準を満たさないことが欠陥となり，欠陥のあるユニットは，欠陥品となる。また，歩留まり（Yield）とは，1から不良率を引いた数値のことであり，式で表せば次のようになる。

$$歩留まり = 1 - \frac{欠陥品の数}{ユニットの数} = 1 - 不良率$$

　なお，シックスシグマでは，1ユニット当たりの平均欠陥数をDPU（Defects Per Unit）とし，この単位を用いて，DPMOを考えている。

$$DPU = \frac{欠陥数}{ユニットの数}$$

　欠陥発生の機会をベースとした測定には，1機会当たりの欠陥発生数（Defects Per Opportunity；DPO）が用いられ，機会100万点当たりの欠陥発生数がDPMOとなる。すなわち，

$$DPMO = \frac{欠陥数}{ユニットの数 \times 機会数} \times 1{,}000{,}000 = DPO \times 10^6$$

である。ここで，機会数は，複雑なプロセスやそうでないプロセスによ

る製品やサービスなど，異なるプロセス間でも現状に則して比較するために用いられる。例えば，ピアノの鍵盤の「ド」，「レ」，「ミ」を右手の親指，人差し指，中指で2分間くり返し演奏することと，ベートーヴェン（L. van Beethoven）作曲の「エリーゼのために（Fur Elise）」を2分間演奏することでは，後者の方がはるかに機会数は多い。そこで，具体的な計算では，例えば，マイクロチップ750個中に，45カ所の欠陥があり，マイクロチップ1個当たりの欠陥の機会を100点とすれば，

$$\text{DPMO} = \frac{45}{750 \times 100} \times 1{,}000{,}000 = 600$$

となる。この600DPMOは，表9-1から4.75シグマレベルとなる。あるいは，住宅ローンの申込書，1,000件中に36カ所の欠陥があり，申込書1件当たりの欠陥の機会が12点とすれば，DPMO＝3,000となる。この3,000DPMOは，同様にして4.25シグマレベルとなる。そして，シックスシグマでは，6シグマレベル，すなわち，機会100万回当たり，3.4回の欠陥しか発生しないレベルに到達することを目標としている。このことは，限りなくゼロに近い目標を持つことになる。

　この目標は，よくゼロ・ディフェクト（Zero Defects；ZD）活動と比較されるが，その違いを考えてみよう。ZD活動は，従業員のひとりひとりが注意と工夫によって仕事の欠陥をゼロ（無欠陥）にすることを目標とするもので，図面のミス，部品製作のミス，組立てのミスをしないではじめから完璧な製品を作ることを心がける。しかし，人間が作るモノや，人間が行う作業に，欠陥ゼロということはあり得ないであろう。その点，シックスシグマは，完璧で究極的な欠陥ゼロを目指すものではなく，100万回に3.4回の欠陥のシステムを追求するという目標により，失敗を許容しつつ，限りなく完璧に近づくという心の余裕を生み出して

くれている。

③ COPQとCTQ，VOC

1954年，マネジメントで高名であったアメリカのQCコンサルタントのジュランが来日し，パレート図による分析，散発不良と慢性不良の区別，管理点の選定問題など管理者または経営者としてのQCの実践方法などを紹介された。日本のQCは，これを契機にSQCから現場の管理手法へ，そしてTQCへと発展していった。その後アメリカでは，1980年以降デミングが，アメリカ再生の原動力として活躍することについては，すでに述べてきたが，日本のTQCとしての概念に貢献したジュランもまた，アメリカ再生のために活躍することになる。

シックスシグマの重要な考え方であるCOPQ（Cost of Poor Quality）は，1988年にジュランによって提唱された [4]。COPQとは，不良，エラー，欠陥などが多いために発生するコストの総称である。このコストには，目に見えるコストと，目に見えないコストの2つに分けることができる。海に浮かぶ氷山にたとえて考えるならば，海の上に浮かぶ氷山よりもはるかに大きな氷山が海の中に沈んでいる。このとき，目に見えるコストは，海上の氷山であり，目に見えないコストは，海中の氷山である。例えば，製品やサービスの品質不良のために生じる無駄なコストとしては，再生産コスト，検査コスト，廃棄コスト，設備追加コストなどが，目に見えるコストである。これに対して，目に見えないコストには，計画変更コスト，設計変更コスト，資材調達コスト，ペナルティー，サイクルタイム長期化により発生するコスト，在庫コスト，売上低下，売上機会損失，ブランド価値毀損などのコストが考えられる（図9-2）。

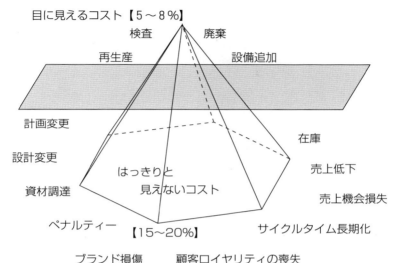

注：【 】内は売上高に対して占める割合
出典：Six Sigma Qualtec（青木保彦他『シックスシグマ導入戦略』ダイヤモンド社，1998年に掲載）を参考に作成した

図9-2　COPQの考え方

　したがって，品質が劣ることによって発生するコストは，比較的算出が容易な目に見えるコストと，算出が難しい目に見えないコストがあり，目に見えるコストは，売上高に対して，5～8％あると言われ，目に見えないコストは，売上高に対して，15～20％であると言われている。なお，このパーセンテージは，表9-2のように，シグマレベルによって異なる。

表9-2	シグマレベルとCOPQ		
	DPO	歩留まり（%）	COPQ 総売上比（%）
2σレベル企業	0.3085	69.15	30〜40
3σレベル企業	0.068	93.32	20〜30
4σレベル企業	0.0062	99.38	15〜20
5σレベル企業	0.00003	99.997	10〜15
6σレベル企業	0.0000034	99.99966	10以下

出典：Six Sigma Qualtec（青木保彦他『シックスシグマ導入戦略』ダイヤモンド社，1998年に掲載）を参考に作成した

　シックスシグマでは，このCOPQを理解して，取り組む必要がある。また，シックスシグマによって，シグマレベルを上げることでもたらされる利益の額を推計することができる。

　また，シックスシグマの第1の作業とも言うべきものにCTQ（Critical to Quality）がある。CTQとは，経営品質を評価する上で決定的な意味を持つ数少ない要因のことである。この要因は，顧客が明示的に要求している。シックスシグマでは，このCTQを特定するために測定や分析に膨大な時間と労力をかける。CTQが多いということは，課題が定義されていないとされ，さらに絞込みを行い数少ない真の要因を見つけ出す。したがって，CTQのベースとなるのは，顧客の声（Voice of Customer；VOC）という重要な視点である。シックスシグマでは，「顧客の利益への貢献なしで，企業の発展はあり得ない」という原則のもと，VOCをアンケートや苦情，インタビュー，市場調査結果などから収集，分析し，顧客の満足が得られる製品やプロセスを設計，開発する。そして，顧客要求に結びつく要因を見つけ出す方法としては，CTQツリー（図9-3）などが用いられる。

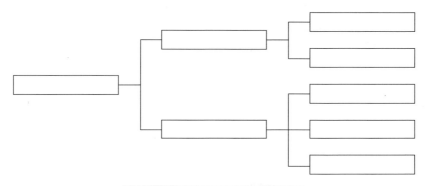

図9-3　CTQツリーの基本構造

　CTQツリーは，図9-3において，まず顧客にとって重要なアウトプットを特定し，それを左端のボックスの中に記入する（スターティングポイント）。次に，そのアウトプットの「品質評価上，重要な意味を持つ」特徴を確認していく。この場合，ブレーンストーミングが有効である。場合によっては，意思決定ツールなどを用いる。そして，選ばれた特徴を2段目に記入する。これらの特徴に，関連性のある具体的なデータをブレーンストーミングにより特定し，それをツリー上に理論的に配置する。そして，最終的なツリー図の現実性をチェックする。最後に，どのデータを収集するか確認する [5]。

　また，具体的な顧客要求を導くためには，品質機能展開（Quality Function Deployment；QFD）が有効であり，これを品質の家（House of Quality）と呼ばれる図で表現したりする。

　COPQとCTQとは，シックスシグマの2つの指導原理 [6] として捉えることができ，常に意識しておかなければならない。

4 DMAIC

　1950年，デミングの来日以来，日本における品質改善活動は，PDCAサイクルを回すことであった。このPDCAサイクルは，現在も様々な場所で登場している。例えば，総務省が，2004年12月に発表した「ユビキタスネット社会の実現に向けた政策懇談会」の報告書においても見受けられるし，第7章で述べたISO 9000ファミリー規格の申請書においても見受けられる。PDCAサイクルには，データにもとづいたプロセス改善手法の基本原理が集約されている。

　シックスシグマでは，4段階，あるいは5段階の改善サイクルがあり，"MAIC" あるいは，"DMAIC" と呼ばれる。ここでは，DMAICサイクルについて述べる。DMAICは，各ステップの頭文字をとったもので，そのステップは，順にDefine（定義），Measure（測定），Analyze（分析），Improve（改善），Control（管理）である。

　DMAICは，経営問題のあらゆる状況に応用できるが，プロセス改善の場合には，以下のようになる [5]。

① 　Defineは，問題と顧客要求を定義する。例えば，VOCと会社の利益からCTQを定義する。

② 　Measureは，欠陥とプロセス・オペレーションを測定する。例えば，CTQに関連するプロセスを特定して，欠陥を測定する。

③ 　Analyzeは，データを分析し，問題の原因を発見する。例えば，欠陥の原因を要因分析により分析し，要因を特定する。

④ 　Improveは，プロセスを改善し，欠陥の原因を取り除く。例えば，特定された要因を取り除くなどで，改善結果のバラツキが，許容範囲に収まるようにプロセスを変更，改善する。

⑤　Controlは，プロセスをコントロールし，欠陥の再発を確実に防
　　止する。例えば，改善されたプロセスで，そのプロセスが，常に許
　　容範囲内にコントロールされているかを確認する。

　プロセス改善チームは，DMAICのサイクルを回す（確実に踏む）こ
とで，各プロセスをチェックし，欠陥が起こる部分を改善する作業を継
続的に行っていく。DMAICにおける各ステップでは，様々なツールや
施策の中から自分の会社や組織にとって，適切だと考えられるものを随
時選択して利用することになる。例えば，Measureでは，特性要因図，
FMEA，パレート図，品質機能展開（QFD）など，Analyzeでは，仮
説検定，多変量解析，ブレーンストーミングなど，Improveでは，実験
計画法，シミュレーション，許容誤差，分散分析など，Controlでは，
ゲージ分析，リスク分析，管理図などの統計的プロセス管理
（Statistical Process Control：SPC），ポカヨケなどである。

　また，プロセス改善ではなく，プロセスの設計や再設計を行わなけれ
ばならない場合，シックスシグマ設計（Six Sigma Design：SSD）や
シックスシグマ用設計（Design for Six Sigma：DFSS）などの名称で
呼ばれるアプローチがあるが，このアプローチは，一般に，DMAICを
マスタした組織でのみ利用される。

　プロセス設計を担当するチームは，シックスシグマの原理を活用して，
画期的なプロセス，製品，サービスを新たに創造する。これらは，顧客
要求を踏まえて構築され，データやテストによってその妥当性が証明さ
れる。プロセス設計では，DMAICの各ステップを次のようにアレンジ
することが多い [5]。

①　Define：プロセス，製品，サービスに関する顧客要求と目標を定
　　義する。
②　Measure：顧客要求にもとづいて成果を測定し，両者を一致させ

る。

③　Analyze：プロセス，製品，サービスの設計を分析・評価する。

④　Design（設計）：新しいプロセス，新しい製品，新しいサービス
を設計し，それを実行または提供する。

⑤　Verify（検証）：結果を検証し，成果を維持する。

　一般に，プロセス設計は，プロセス改善よりも長い時間を要する。プ
ロセス改善とプロセス設計を比較すれば，表9-3となる。

　また，シックスシグマ活動の最大の効果を上げるために，企業文化や
管理業務の全社的改革が必要となり，プロセス管理はこのような改革に
含まれるため，プロセス改善，プロセス設計・再設計よりも，さらに高

表9-3　プロセス改善とプロセス設計・再設計の比較

	プロセス改善	プロセス設計・再設計
D	問題特定 顧客要求の定義 目標の設定	固有あるいは一般的な問題の特定 目標・変革ビジョンの定義 対象範囲と顧客要求の明確化
M	問題・プロセスの確認 問題・目標の修正 鍵となるステップ・インプット の測定	顧客要求に照らした成果の測定 プロセスの効率性を示すデータの収集
A	原因の推定 「決定的に重要な少数の」根本 原因の特定 仮説の検証	「ベストプラクティス」の特定 プロセス設計の評価 　・付加価値の有無 　・阻害要因 　・代替経路 顧客要求の修正
I	根本原因の除去方法を立案 解決策のテスト 解決策の標準化・結果の測定	新プロセスの設計 　・前提を疑う 　・創造力の発揮 　・ワークフローの原則 新プロセス・構造・システムの稼働
C	成果維持のための標準測定項目 の設定 必要に応じた問題修正	成果維持のための標準測定項目の設定 必要に応じた問題修正

出典：パンディ他『シックスシグマ・ウェイ』日本経済新聞社，2000年を参考として，一部修正

度な内容となる。しかし，DMAICは，組織全体のプロセス管理にも応用できる。

⑤ シックスシグマ活動

シックスシグマ活動は，ブラックベルトと呼ばれるチームリーダのもとに行われる。この特別な役職（資格）は，空手の段位にちなんで名づけられた。ここでは，まず，このような主要な役職（資格）について述べる [1], [5]。

〈ブラックベルト（Black Belts；BB）〉

シックスシグマの草創期に，モトローラで開発されたBBは，シックスシグマ・チームを指導する人物や，実際にチームリーダの役割を務める人物を指す。顧客満足や生産性向上に影響するキー・プロセスの測定，分析，改善，管理を責任を持って実行する。また，次に述べるグリーンベルトが行うプロジェクトの選定や統計ツールに関する指導も行い，専任でこの業務に当たる。BBは，プロジェクト以外の業務を持たずにシックスシグマに専念することになる変革請負人（チェンジ・エージェント）である。

〈グリーンベルト（Green Belts；GB）〉

シックスシグマ・チームへの参加に当たって，十分なシックスシグマトレーニングを受けた者を指す。シックスシグマの基礎的な知識を習得し，それをもとに業務改善のプロジェクトを遂行する。GBが，自分の業務に直接関係する小規模なプロジェクトをひとりで担当することもある。GBは，ライン業務を持ったプロジェクト推進のコアメンバである。

なお，GEでは，全社員が取得するよう求められている。

〈マスター・ブラックベルト（Master Black Belts；MBB）〉

シックスシグマについて，より高いリーダシップの発揮を期待される専任のポジションである。大規模プロジェクトの主導，BBの評価と指導など，すべてのレベルに対して指導を行う。MBBの認定に当たっては，統計的測定ツールとプロセス改善についての徹底的トレーニングを受け，このような定量的スキルに加え，教えたり指導したりする能力も評価対象となる。そして，MBBは，改革マネジメント戦略，プロセス設計戦略などに対して，専門的アドバイスを行う。なお，シックスシグマ活動のごく初期の段階では，外部のコンサルタントに依頼することもある。

〈チャンピオン（Champions），クオリティ・リーダ（Quality Leader；QL）〉

シックスシグマの最高位の指導者で，専任のポジションである。シックスシグマ・プロジェクトを監督する上級管理職であり，プロジェクトを成功に導く責任を負っている。GEでは，QLと呼ばれ，シックスシグマをGEの事業計画やイニシアチブに関連づけ，リードしていく役割を担う。

MBB，BBなどの正確な定義や職務内容は，組織のニーズおよび組織の発展段階によって異なる。また，チーム指導に当たって，「ベルト」保持者と，チャンピオン，QLといった役職をどう組み合わせるかは，組織によって様々である。なお，Champions，Master Black Belts，Black Belts，Green Belts は，シグマコンサルタント（Sigma

Consultants, LLC）の登録商標となっている。

　シックスシグマには，トップダウン・スタイルが色濃く表れている。シックスシグマの全社的導入には莫大な投資が必要であり，トップ自身もシックスシグマの意味する内容を深く理解することが不可欠である。また，組織そのものに対して，顧客重視が浸透していなければならない。これらが，行われていない組織は，導入すべきではないと言われている。そして，これらを満たし，シックスシグマを導入した組織は，厳しい学習基準を設定するとともに，必要な時間と資金を投入して，従業員がこの基準に到達できるように支援しなければならない。例えば，GEのBBは，3週間の研修を義務づけられており，その後もフォローアップ試験や会議・フォーラムなどで学習を継続して行っている。また，GEでは，全社員がGBを取得するよう求められており，このような研修に対する投資が行われている。

　このようにして，シックスシグマ・チームは，チームリーダ（BB場合によってはGB）のもとで，シックスシグマ活動を行う。

6 TQCとシックスシグマとの比較

　1節において，シックスシグマの手法の開発に当たっては，日本の製造業で活発に行われているQCサークル活動が参考にされたと述べた。前節のシックスシグマ・チームは，QCサークルに相当する。このように，TQCとシックスシグマは，相互に関連を持ちながら，大きく異なる部分を持つため，ここでは，TQCとシックスシグマとの比較を行う。表9-4は，主要な項目の比較表である。

表9-4 TQCとシックスシグマとの比較

	TQC	シックスシグマ
方針決定	ボトムアップ	トップダウン
目標	定性的・抽象的な職場問題	定量的・具体的な経営問題
改革対象	顕在化したもの	潜在的なものまで
成功要因	経験と勘	定量分析
適用範囲	部分最適化	全体最適化
活動期間	制約は少ない	期間限定
活動単位	職場内小集団（QCサークル）	プロジェクト・チーム
担当者	仕事と兼務 （ボランティア）	専任 （プロフェッショナル）
トレーニング	自発的	体系的
適用ツール	QC七つ道具，管理図など	QC七つ道具，管理図＋αとしてのツール
基本手法	PDCA	DMAIC
投資	少ない	多い
利益追求	努力目標	前提

出典：ダイヤモンド・シックスシグマ研究会：『[図解] コレならわかるシックスシグマ』ダイヤモンド社，1999年を参考として，一部加筆および修正

　表9-4のように対比できるのは，TQCもシックスシグマも同じような目的のもとで考えられた経営手法であって，対立的な立場で位置づけられているのではないからである。第1節の図9-1で示した通り，日本のQCや経営を研究し，ベンチマークして，アメリカ流にアレンジしたベストプラクティスが，シックスシグマである。

　したがって，今後は，日本とアメリカでキャッチボールのようにQCが発達したように，シックスシグマもまた，日本流にアレンジされて，発展していくことであろう。

演習問題

1 日本においてシックスシグマを導入した企業の事例を調べよ。
2 品質機能展開について調べよ。
3 実験計画法について調べよ。
4 日本型のシックスシグマ手法について述べよ。

引用・参考文献

[1] リチャード・K・レスター『競争力 – 「Made in America」10年の検証と新たな課題』生産性出版，2000年
[2] http://www.gejapan.com/commitment/six_b.html（2006年6月アクセス）
[3] ピーター・S・パンディ，ロバート・P・ノイマン，ローランド・R・カバナー『シックスシグマ・ウェイ – 全社的経営革新の全ノウハウ – 』日本経済新聞社，2000年
[4] J. M. Juran : "Juran on Planning for Quality" Free Press, New York, 1988
[5] ピーター・S・パンディ，ロバート・P・ノイマン，ローランド・R・カバナー『シックスシグマ・ウェイ　実践マニュアル – 業務改善プロジェクト成功の全ノウハウ – 』日本経済新聞社，2003年
[6] 青木保彦，三田昌弘，安藤紫『シックスシグマ導入戦略 – 日本企業に突きつけられた挑戦課題 – 』ダイヤモンド社，1998年

今後の展開

　2001年1月に，日本政府はe-Japan戦略を発表した。これは，日本が5年以内に世界最先端のIT（Information Technology）国家となることを目指すものである。そして，2003年7月には，e-Japan戦略による初期の目標が達成され，さらに加速させるために，e-Japan戦略Ⅱが発表された。e-Japan戦略Ⅱでは，IT利活用という技術や基盤の応用・実践への進化を軸としている。このような政府主導による重点政策により，日本も新しい社会に向けて確実に歩んできている。そして，e-Japan戦略の発表から5年後となる2006年を迎えて，日本政府は，u-Japan（ユビキタスネット・ジャパン）政策を掲げた。u-Japan政策の目標は，「2010年には世界最先端のICT（Information and Communication Technology）国家として先導する」である。

　さて，第2次世界大戦後の日本は，この標記になぞらえば，Q-Japan（Quality-Japan）であった。そして，このQ-Japanは，新しい局面を迎えているが，Q-Japanが終わりになったことではない。Q-Japanも進化しているのである。日本におけるQCの変遷は，SQC→TQC→TQMとなり，製品やサービスの質からマネジメントの質へと進化した。

本書の目的は，TQM（QC）手法の習得ではなく，QCを，ノンエンジニアリング分野の方々に広く知ってもらうための入門的な役割にある。そのため，例えば，QC手法の中でも重要な実験計画法や品質機能展開（QFD）については述べていないし，ISO 9000ファミリー規格では，規格を取得するための個々の事項の内容については触れておらず，その背景や最低限必要な知識を中心に構成した。まずは興味を持ち，必要性を感じ，そして具体的に行動することが必要で，行動に移すための解説書や具体的事例などは，次のステップであると考えている。それは，エンジニアリング分野，例えば製造業におけるQ-Japanは成功したと言っても過言ではないが，最近台頭している情報・ネットワーク産業をはじめとするノンエンジニアリング分野においては，QC手法をうまく活用しているとは思えないし，QC手法を活用することで，もっと競争力や生産性の向上を図れる余地が残されていると考えているからである。そして，このようなノンエンジニアリング分野に対してQCを普及させるためのアプローチは，QCを難しく述べるのではなく，できるだけ取り組みやすく述べていくことだと考えている。

　ところで，国際競争力をみる興味深い報告がある。スイスのIMD（International Institute for Management Development：国際経営開発研究所）の調査によれば，日本の国際競争力は2002年に30位にまで下落している。1989年から1992年までは，1位にランキングされていたことを考えるとまさに隔世の感がある。1980年代は，Q-Japan最盛の10年であった。しかし，1990年代は，失われた10年と呼ばれた。それが見事に反映されている。その後，2003年以降25位→23位→21位と徐々に盛り返してはいるが，大きく躍進はしていない。表10-1は，2002年度の国際競争力ランキング [1]，表10-2は，2005年度の国際競争力ランキング [2] である。

第10章　今後の展開　201

表10-1 2002年度IMD国際競争力ランキング

順位（2001年）	国　　名
1　（1）	アメリカ
2　（3）	フィンランド
3　（4）	ルクセンブルク
4　（5）	オランダ
5　（2）	シンガポール
6　（15）	デンマーク
7　（10）	ス　イ　ス
8　（9）	カ　ナ　ダ
9　（6）	香　　港
10　（7）	アイルランド
30　（26）	日　　本

表10-2 2005年度IMD国際競争力ランキング

順位（2004年）	国　　名
1　（1）	アメリカ
2　（6）	香　　港
3　（2）	シンガポール
4　（5）	アイルランド
5　（3）	カ　ナ　ダ
6　（8）	フィンランド
7　（7）	デンマーク
8　（14）	ス　イ　ス
9　（4）	オーストラリア
10　（9）	ルクセンブルグ
21　（23）	日　　本

表10-3 2023年度IMD国際競争力ランキング

順位（2022年）	国　　名
1　（1）	デンマーク
2　（11）	アイルランド
3　（2）	ス　イ　ス
4　（3）	シンガポール
5　（6）	オランダ
6　（7）	台　　湾
7　（5）	香　　港
8　（12）	スウェーデン
9　（10）	アメリカ
10　（8）	Ｕ　Ａ　Ｅ
35　（34）	日　　本

　2023年度の国際競争力ランキング［3］を表10-3に示す。表10-1か
らちょうど20年後のランキングとなるが，35位にまで落ち込んでいるこ
とがわかる。2010年以降は，この国際競争力ランキングで20位以内に入

ることはなかった。1990年代，2000年代，2010年代を通して，失われた30年と呼ばれていることにもうなずける。

　しかしながら，2024年になって，日経平均株価が4万円を超えた。この壁は，バブル経済期にも超えることができなかったため，これからが正念場と言える。

　日本に対して，1990年代以降のアメリカは，日本のTQCから独自のTQM，そしてシックスシグマ手法を生み出していった。特に，アメリカは，1980年代に著しく低下した国際競争力の回復のために行った日本的経営の研究，その過程で知ったTQCやデミングの存在を独自にアレンジすることにより，国際競争力を回復したことは，QC手法の今後の可能性を示唆している。日本のエンジニアリング分野は，依然として，世界で1，2位の競争力を誇っている。しかし，日本の国際競争力が，20位台で低迷しているのは，ノンエンジニアリング分野に対してQC手法を浸透させていくことで打開できる可能性があることに他ならない。そして，日本のQC手法の資産は，エンジニアリング分野を筆頭にして，かなり蓄積されている。これらをノンエンジニアリング分野に取り入れることは，それほど難しいことではないだろう。

　本書によって，ひとりでも多くの方が新しい時代のQ-Japanに貢献してくれることを願う。

引用・参考文献
[1]　IMD World Compeitiveness Yearbook 2003
[2]　IMD World Compeitiveness Yearbook 2005
[3]　IMD World Competitiveness Yearbook 2023

付　　表

1　標準正規分布の確率密度
2　標準正規分布の上側確率
3　標準正規分布のパーセント点

1 標準正規分布の確率密度

$$\phi(u) = \frac{1}{\sqrt{2\pi}} e^{-\frac{u^2}{2}}$$

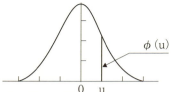

u	.00	.01	.02	.03	.04	.05	.06	.07	.08	.09
.0	.398942	.398922	.398862	.398763	.398623	.398444	.398225	.397966	.397668	.397330
.1	.396953	.396536	.396080	.395585	.395052	.394479	.393868	.393219	.392531	.391806
.2	.391043	.390242	.389404	.388529	.387617	.386668	.385683	.384663	.383606	.382515
.3	.381388	.380226	.379031	.377801	.376537	.375240	.373911	.372548	.371154	.369728
.4	.368270	.366782	.365263	.363714	.362135	.360527	.358890	.357225	.355533	.353812
.5	.352065	.350292	.348493	.346668	.344818	.342944	.341046	.339124	.337180	.335213
.6	.333225	.331215	.329184	.327133	.325062	.322972	.320864	.318737	.316593	.314432
.7	.312254	.310060	.307851	.305627	.303389	.301137	.298872	.296595	.294305	.292004
.8	.289692	.287369	.285036	.282694	.280344	.277985	.275618	.273244	.270864	.268477
.9	.266085	.263688	.261286	.258881	.256471	.254059	.251644	.249228	.246809	.244390
1.0	.241971	.239551	.237132	.234714	.232297	.229882	.227470	.225060	.222653	.220251
1.1	.217852	.215458	.213069	.210686	.208308	.205936	.203571	.201214	.198863	.196520
1.2	.194186	.191860	.189543	.187235	.184937	.182649	.180371	.178104	.175847	.173602
1.3	.171369	.169147	.166940	.164740	.162555	.160383	.158225	.156080	.153948	.151831
1.4	.149727	.147639	.145564	.143505	.141460	.139431	.137417	.135418	.133435	.131468
1.5	.129518	.127583	.125665	.123763	.121878	.120009	.118157	.116323	.114505	.112704
1.6	.110921	.109155	.107406	.105675	.103961	.102265	.100586	.098925	.097282	.095657
1.7	.094049	.092459	.090887	.089333	.087796	.086277	.084776	.083293	.081828	.080380
1.8	.078950	.077538	.076143	.074766	.073407	.072065	.070740	.069433	.068144	.066871
1.9	.065616	.064378	.063157	.061952	.060765	.059595	.058441	.057304	.056183	.055079
2.0	.053991	.052919	.051864	.050824	.049800	.048792	.047800	.046823	.045861	.044915
2.1	.043984	.043067	.042166	.041280	.040408	.039550	.038707	.037878	.037063	.036262
2.2	.035475	.034701	.033941	.033194	.032460	.031740	.031032	.030337	.029655	.028985
2.3	.028327	.027682	.027048	.026426	.025817	.025218	.024631	.024056	.023491	.022937
2.4	.022395	.021862	.021341	.020829	.020328	.019837	.019356	.018885	.018423	.017971
2.5	.017528	.017095	.016670	.016254	.015848	.015449	.015060	.014678	.014305	.013940
2.6	.013583	.013234	.012892	.012558	.012232	.011912	.011600	.011295	.010997	.010706
2.7	.010421	.010143	.²*98712	.²*96058	.²*93466	.²*90936	.²*88465	.²*86052	.²*83697	.²*81398
2.8	.²*79155	.²*76965	.²*74829	.²*72744	.²*70711	.²*68728	.²*66793	.²*64907	.²*63067	.²*61274
2.9	.²*59525	.²*57821	.²*56160	.²*54541	.²*52963	.²*51426	.²*49929	.²*48470	.²*47050	.²*45666
3.0	.²*44318	.²*43007	.²*41729	.²*40486	.²*39276	.²*38098	.²*36951	.²*35836	.²*34751	.²*33695
3.1	.²*32668	.²*31669	.²*30698	.²*29754	.²*28835	.²*27943	.²*27075	.²*26231	.²*25412	.²*24615
3.2	.²*23841	.²*23089	.²*22358	.²*21649	.²*20960	.²*20290	.²*19641	.²*19010	.²*18397	.²*17803
3.3	.²*17226	.²*16666	.²*16122	.²*15595	.²*15084	.²*14587	.²*14106	.²*13639	.²*13187	.²*12748
3.4	.²*12322	.²*11910	.²*11510	.²*11122	.²*10747	.²*10383	.²*10030	.³*96886	.³*93577	.³*90372
3.5	.³*87268	.³*84263	.³*81352	.³*78534	.³*75807	.³*73166	.³*70611	.³*68138	.³*65745	.³*63430
3.6	.³*61190	.³*59024	.³*56928	.³*54901	.³*52941	.³*51046	.³*49214	.³*47443	.³*45731	.³*44077
3.7	.³*42478	.³*40933	.³*39440	.³*37998	.³*36605	.³*35260	.³*33960	.³*32705	.³*31494	.³*30324
3.8	.³*29195	.³*28105	.³*27053	.³*26037	.³*25058	.³*24113	.³*23201	.³*22321	.³*21473	.³*20655
3.9	.³*19866	.³*19105	.³*18371	.³*17664	.³*16983	.³*16326	.³*15693	.³*15083	.³*14495	.³*13928
4.0	.³*13383	.³*12858	.³*12352	.³*11864	.³*11395	.³*10943	.³*10509	.³*10090	.³*9687	.⁴*92993
4.1	.⁴*89262	.⁴*85672	.⁴*82218	.⁴*78895	.⁴*75700	.⁴*72626	.⁴*69670	.⁴*66828	.⁴*64095	.⁴*61468
4.2	.⁴*58943	.⁴*56516	.⁴*54183	.⁴*51942	.⁴*49788	.⁴*47719	.⁴*45731	.⁴*43821	.⁴*41988	.⁴*40226
4.3	.⁴*38535	.⁴*36911	.⁴*35353	.⁴*33856	.⁴*32420	.⁴*31041	.⁴*29719	.⁴*28449	.⁴*27231	.⁴*26063
4.4	.⁴*24942	.⁴*23868	.⁴*22837	.⁴*21848	.⁴*20900	.⁴*19912	.⁴*19121	.⁴*18286	.⁴*17486	.⁴*16719
4.5	.⁴*15984	.⁴*15280	.⁴*14605	.⁴*13959	.⁴*13340	.⁴*12747	.⁴*12180	.⁴*11636	.⁴*11116	.⁴*10618
4.6	.⁴*10141	.⁵*96845	.⁵*92477	.⁵*88297	.⁵*84298	.⁵*80472	.⁵*76812	.⁵*73311	.⁵*69962	.⁵*66760
4.7	.⁵*63698	.⁵*60771	.⁵*57972	.⁵*55296	.⁵*52739	.⁵*50295	.⁵*47960	.⁵*45728	.⁵*43596	.⁵*41559
4.8	.⁵*39613	.⁵*37755	.⁵*35980	.⁵*34285	.⁵*32667	.⁵*31122	.⁵*29647	.⁵*28239	.⁵*26895	.⁵*25613
4.9	.⁵*24390	.⁵*23222	.⁵*22108	.⁵*21046	.⁵*20033	.⁵*19066	.⁵*18144	.⁵*17265	.⁵*16428	.⁵*15629
5.0	.⁵*14867	.⁵*14141	.⁵*13450	.⁵*12791	.⁵*12162	.⁵*11564	.⁵*10994	.⁵*10451	.⁶*99339	.⁶*94414

注：.²* → 0.00　　.³* → 0.000　　.⁴* → 0.0000　　.⁵* → 0.00000　　.⁶* → 0.000000

2 標準正規分布の上側確率

$$\varepsilon(K_\varepsilon) : \varepsilon = \int_{K_\varepsilon}^{\infty} \phi(u)\,du$$

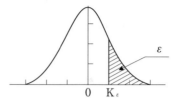

K_ε	.00	.01	.02	.03	.04	.05	.06	.07	.08	.09
.0	.500000	.496011	.492022	.488034	.484047	.480061	.476078	.472097	.468119	.464144
.1	.460172	.456205	.452242	.448283	.444330	.440382	.436441	.432505	.428576	.424655
.2	.420740	.416834	.412936	.409046	.405165	.401294	.397432	.393580	.389739	.385908
.3	.382089	.378280	.374484	.370700	.366928	.363169	.359424	.355691	.351973	.348268
.4	.344578	.340903	.337243	.333598	.329969	.326355	.322758	.319178	.315614	.312067
.5	.308538	.305026	.301532	.298056	.294599	.291160	.287740	.284339	.280957	.277595
.6	.274253	.270931	.267629	.264347	.261086	.257846	.254627	.251429	.248252	.245097
.7	.241964	.238852	.235762	.232695	.229650	.226627	.223627	.220650	.217695	.214764
.8	.211855	.208970	.206108	.203269	.200454	.197663	.194895	.192150	.189430	.186733
.9	.184060	.181411	.178786	.176186	.173609	.171056	.168528	.166023	.163543	.161087
1.0	.158655	.156248	.153864	.151505	.149170	.146859	.144572	.142310	.140071	.137857
1.1	.135666	.133500	.131357	.129238	.127143	.125072	.123024	.121000	.119000	.117023
1.2	.115070	.113139	.111232	.109349	.107488	.105650	.103835	.102042	.100273	.098525
1.3	.096800	.095098	.093418	.091759	.090123	.088508	.086915	.085343	.083793	.082264
1.4	.080757	.079270	.077804	.076359	.074934	.073529	.072145	.070781	.069437	.068112
1.5	.066807	.065522	.064255	.063008	.061780	.060571	.059380	.058208	.057053	.055917
1.6	.054799	.053699	.052616	.051551	.050503	.049471	.048457	.047460	.046479	.045514
1.7	.044565	.043633	.042716	.041815	.040930	.040059	.039204	.038364	.037538	.036727
1.8	.035930	.035148	.034380	.033625	.032884	.032157	.031443	.030742	.030054	.029379
1.9	.028717	.028067	.027429	.026803	.026190	.025588	.024998	.024419	.023852	.023295
2.0	.022750	.022216	.021692	.021178	.020675	.020182	.019699	.019226	.018763	.018309
2.1	.017864	.017429	.017003	.016586	.016177	.015778	.015386	.015003	.014629	.014262
2.2	.013903	.013553	.013209	.012874	.012545	.012224	.011911	.011604	.011304	.011011
2.3	.010724	.010444	.010170	.*2*99031	.*2*96419	.*2*93867	.*2*91375	.*2*88940	.*2*86563	.*2*84242
2.4	.*2*81975	.*2*79763	.*2*77603	.*2*75494	.*2*73436	.*2*71428	.*2*69469	.*2*67557	.*2*65691	.*2*63872
2.5	.*2*62097	.*2*60366	.*2*58677	.*2*57031	.*2*55426	.*2*53861	.*2*52336	.*2*50849	.*2*49400	.*2*47988
2.6	.*2*46612	.*2*45271	.*2*43965	.*2*42692	.*2*41453	.*2*40246	.*2*39070	.*2*37926	.*2*36811	.*2*35726
2.7	.*2*34670	.*2*33642	.*2*32641	.*2*31667	.*2*30720	.*2*29798	.*2*28901	.*2*28028	.*2*27179	.*2*26354
2.8	.*2*25551	.*2*24771	.*2*24012	.*2*23274	.*2*22557	.*2*21860	.*2*21182	.*2*20524	.*2*19884	.*2*19262
2.9	.*2*18658	.*2*18071	.*2*17502	.*2*16948	.*2*16411	.*2*15889	.*2*15382	.*2*14890	.*2*14412	.*2*13949
3.0	.*2*13499	.*2*13062	.*2*12639	.*2*12228	.*2*11829	.*2*11442	.*2*11067	.*2*10703	.*2*10350	.*2*10008
3.1	.*3*96760	.*3*93544	.*3*90426	.*3*87403	.*3*84474	.*3*81635	.*3*78885	.*3*76219	.*3*73638	.*3*71136
3.2	.*3*68714	.*3*66367	.*3*64095	.*3*61895	.*3*59765	.*3*57703	.*3*55706	.*3*53774	.*3*51904	.*3*50094
3.3	.*3*48342	.*3*46648	.*3*45009	.*3*43423	.*3*41889	.*3*40406	.*3*38971	.*3*37584	.*3*36243	.*3*34946
3.4	.*3*33693	.*3*32481	.*3*31311	.*3*30179	.*3*29086	.*3*28029	.*3*27009	.*3*26023	.*3*25071	.*3*24151
3.5	.*3*23263	.*3*22405	.*3*21577	.*3*20778	.*3*20006	.*3*19262	.*3*18543	.*3*17849	.*3*17180	.*3*16534
3.6	.*3*15911	.*3*15310	.*3*14730	.*3*14171	.*3*13632	.*3*13112	.*3*12611	.*3*12128	.*3*11662	.*3*11213
3.7	.*3*10780	.*3*10363	.*4*99611	.*4*95740	.*4*92010	.*4*88417	.*4*84957	.*4*81624	.*4*78414	.*4*75324
3.8	.*4*72348	.*4*69483	.*4*66726	.*4*64072	.*4*61517	.*4*59059	.*4*56694	.*4*54418	.*4*52228	.*4*50122
3.9	.*4*48096	.*4*46148	.*4*44274	.*4*42473	.*4*40741	.*4*39076	.*4*37475	.*4*35936	.*4*34458	.*4*33037
4.0	.*4*31671	.*4*30359	.*4*29099	.*4*27888	.*4*26726	.*4*25609	.*4*24536	.*4*23507	.*4*22518	.*4*21569
4.1	.*4*20658	.*4*19783	.*4*18944	.*4*18138	.*4*17365	.*4*16624	.*4*15912	.*4*15230	.*4*14575	.*4*13948
4.2	.*4*13346	.*4*12769	.*4*12215	.*4*11685	.*4*11176	.*4*10689	.*4*10221	.*5*97736	.*5*93447	.*5*89337
4.3	.*5*85399	.*5*81627	.*5*78015	.*5*74555	.*5*71241	.*5*68069	.*5*65031	.*5*62123	.*5*59340	.*5*56675
4.4	.*5*54125	.*5*51685	.*5*49350	.*5*47117	.*5*44979	.*5*42935	.*5*40980	.*5*39110	.*5*37322	.*5*35612
4.5	.*5*33977	.*5*32414	.*5*30920	.*5*29492	.*5*28127	.*5*26823	.*5*25577	.*5*24386	.*5*23249	.*5*22162
4.6	.*5*21125	.*5*20133	.*5*19187	.*5*18283	.*5*17420	.*5*16597	.*5*15810	.*5*15060	.*5*14344	.*5*13660
4.7	.*5*13008	.*5*12386	.*5*11792	.*5*11226	.*5*10686	.*5*10171	.*6*96796	.*6*92113	.*6*87648	.*6*83391
4.8	.*6*79333	.*6*75465	.*6*71779	.*6*68267	.*6*64920	.*6*61731	.*6*58693	.*6*55799	.*6*53043	.*6*50418
4.9	.*6*47918	.*6*45538	.*6*43272	.*6*41115	.*6*39061	.*6*37107	.*6*35247	.*6*33477	.*6*31792	.*6*30190
5.0	.*6*28665	.*6*27215	.*6*25836	.*6*24524	.*6*23277	.*6*22091	.*6*20963	.*6*19891	.*6*18872	.*6*17903

注：.*2* →0.00　　.*3* →0.000　　.*4* →0.0000　　.*5* →0.00000　　.*6* →0.000000

3 標準正規分布のパーセント点

$$K_\varepsilon(\varepsilon) : \varepsilon = \int_{K_\varepsilon}^{\infty} \phi(u)\,du$$

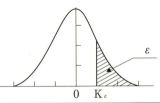

ε	.000	.001	.002	.003	.004	.005	.006	.007	.008	.009
.00	∞	3.090232	2.878162	2.747781	2.652070	2.575829	2.512144	2.457263	2.408916	2.365618
.01	2.326348	2.290368	2.257129	2.226212	2.197286	2.170090	2.144411	2.120072	2.096927	2.074855
.02	2.053749	2.033520	2.014091	1.995393	1.977368	1.959964	1.943134	1.926837	1.911036	1.895698
.03	1.880794	1.866296	1.852180	1.838424	1.825007	1.811911	1.799118	1.786613	1.774382	1.762410
.04	1.750686	1.739198	1.727934	1.716886	1.706043	1.695398	1.684941	1.674665	1.664563	1.654628
.05	1.644854	1.635234	1.625763	1.616436	1.607248	1.598193	1.589268	1.580467	1.571787	1.563224
.06	1.554774	1.546433	1.538199	1.530068	1.522036	1.514102	1.506262	1.498513	1.490853	1.483280
.07	1.475791	1.468384	1.461056	1.453806	1.446632	1.439531	1.432503	1.425544	1.418654	1.411830
.08	1.405072	1.398377	1.391744	1.385172	1.378659	1.372204	1.365806	1.359463	1.353174	1.346939
.09	1.340755	1.334622	1.328539	1.322505	1.316519	1.310579	1.304685	1.298837	1.293032	1.287271
.10	1.281552	1.275874	1.270238	1.264641	1.259084	1.253565	1.248085	1.242641	1.237235	1.231864
.11	1.226528	1.221227	1.215960	1.210727	1.205527	1.200359	1.195223	1.190118	1.185044	1.180001
.12	1.174987	1.170002	1.165047	1.160120	1.155221	1.150349	1.145505	1.140687	1.135896	1.131131
.13	1.126391	1.121677	1.116987	1.112321	1.107680	1.103063	1.098468	1.093897	1.089349	1.084823
.14	1.080319	1.075837	1.071377	1.066938	1.062519	1.058122	1.053744	1.049387	1.045050	1.040732
.15	1.036433	1.032154	1.027893	1.023651	1.019428	1.015222	1.011034	1.006864	1.002712	.998576
.16	.994458	.990356	.986271	.982203	.978150	.974114	.970093	.966088	.962099	.958124
.17	.954165	.950221	.946291	.942376	.938476	.934589	.930717	.926859	.923014	.919183
.18	.915365	.911561	.907770	.903991	.900226	.896473	.892733	.889006	.885290	.881587
.19	.877896	.874217	.870550	.866894	.863250	.859617	.855996	.852386	.848787	.845199
.20	.841621	.838055	.834499	.830953	.827418	.823894	.820379	.816875	.813380	.809896
.21	.806421	.802956	.799501	.796055	.792619	.789192	.785774	.782365	.778966	.775575
.22	.772193	.768820	.765456	.762101	.758754	.755415	.752085	.748763	.745450	.742144
.23	.738847	.735558	.732276	.729003	.725737	.722479	.719229	.715986	.712751	.709523
.24	.706303	.703089	.699884	.696685	.693493	.690309	.687131	.683961	.680797	.677640
.25	.674490	.671346	.668209	.665079	.661955	.658838	.655727	.652622	.649524	.646431
.26	.643345	.640266	.637192	.634124	.631062	.628006	.624956	.621912	.618873	.615840
.27	.612813	.609791	.606775	.603765	.600760	.597760	.594766	.591777	.588793	.585815
.28	.582842	.579873	.576910	.573952	.570999	.568051	.565108	.562170	.559237	.556308
.29	.553385	.550466	.547551	.544642	.541737	.538836	.535940	.533049	.530161	.527279
.30	.524401	.521527	.518657	.515792	.512930	.510073	.507221	.504372	.501527	.498687
.31	.495850	.493018	.490189	.487365	.484544	.481727	.478914	.476104	.473299	.470497
.32	.467699	.464904	.462113	.459326	.456542	.453762	.450985	.448212	.445443	.442676
.33	.439913	.437154	.434397	.431644	.428895	.426148	.423405	.420665	.417928	.415194
.34	.412463	.409735	.407011	.404289	.401571	.398855	.396142	.393433	.390726	.388022
.35	.385320	.382622	.379926	.377234	.374543	.371856	.369171	.366489	.363810	.361133
.36	.358459	.355787	.353118	.350451	.347787	.345126	.342466	.339809	.337155	.334503
.37	.331853	.329206	.326561	.323918	.321278	.318639	.316003	.313369	.310738	.308108
.38	.305481	.302855	.300232	.297611	.294992	.292375	.289760	.287147	.284536	.281926
.39	.279319	.276714	.274110	.271508	.268909	.266311	.263714	.261120	.258527	.255936
.40	.253347	.250760	.248174	.245590	.243007	.240426	.237847	.235269	.232693	.230118
.41	.227545	.224973	.222403	.219835	.217267	.214702	.212137	.209574	.207013	.204452
.42	.201893	.199336	.196780	.194225	.191671	.189118	.186567	.184017	.181468	.178921
.43	.176374	.173829	.171285	.168741	.166199	.163658	.161119	.158580	.156042	.153505
.44	.150969	.148434	.145900	.143367	.140835	.138304	.135774	.133245	.130716	.128188
.45	.125661	.123135	.120610	.118085	.115562	.113039	.110516	.107995	.105474	.102953
.46	.100434	.097915	.095396	.092879	.090361	.087845	.085329	.082813	.080298	.077784
.47	.075270	.072756	.070243	.067731	.065219	.062707	.060195	.057684	.055174	.052664
.48	.050154	.047644	.045135	.042626	.040117	.037608	.035100	.032592	.030084	.027576
.49	.025069	.022562	.020054	.017547	.015040	.012533	.010027	.007520	.005013	.002507

演習問題解答

第3章　QC七つ道具

1　順に，3.64，3.7，0.232，0.058，0.2408，0.6

2

手順2）　$x_{max} = 78.56$，$x_{min} = 77.84$

手順3）　$k = 10$

手順4）　$c = （78.56 - 77.84）/10=0.72/10=0.072$，最小の測定単位は0.02
なので，0.06と0.08では，0.08の方が0.072に近い。よって，c
=0.08

手順5）　最初の区間の下側境界値 $= 77.84 - 0.01 = 77.83$
最初の区間の上側境界値 $= 77.83 + 0.08 = 77.91$

手順6），7）度数分布表の作成

区　　間	代 表 値	度 数 マ ー ク	度　数
77.83～77.91	77.87	////	4
77.91～77.99	77.95	7H/ ////	9
77.99～78.07	78.03	7H/ 7H/ 7H/ 7H/	20
78.07～78.15	78.11	7H/ 7H/ 7H/ 7H/ 7H/ 7H/ ////	34
78.15～78.23	78.15	7H/ 7H/ 7H/ ///	18
78.23～78.31	78.27	7H/ //	7
78.31～78.39	78.35	///	3
78.39～78.47	78.43	///	3
78.47～78.55	78.51	/	1
78.55～78.63	78.59	/	1

手順8）ヒストグラムの作成

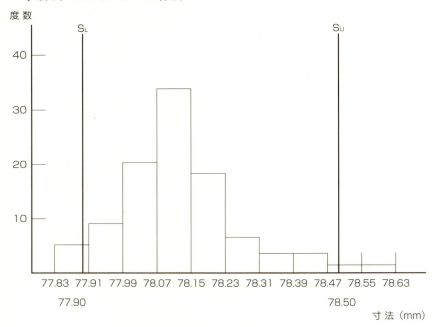

考察）このヒストグラムは，規格内に収まっておらず，ばらつきが大きい。また，少し右に裾を引いた形になっており，一般形とはいいにくい。さらに，この製品の指定寸法は78.20mmであるが，分布の中心は，78.20mmよりも左にずれている。したがって，分布の中心が左にずれ，ばらつきも大きく，規格下限，規格上限ともにはずれているものがあり，不良品が出ているため，工程などの見直しや機械の調整，標準作業通りに作業が行われているか調査し，適切な処置をとる必要がある。

3

項　　目	件　数	累積件数	件　数（%）	累積件数（%）
新聞を読む（10分以上要した場合）	45	45	52	52
トイレ使用中のため	20	65	23	75
目覚まし時計が鳴らない	10	75	12	87
服装に手間取る	4	79	5	92
自転車の故障	2	81	2	94
その他	5	86	6	100
合　　計	86	86	100	100

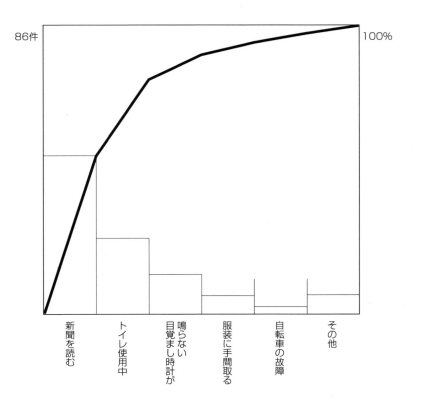

考察）10分以上要した新聞を読む項目が，52％を占め，トイレ使用中のための項目が23％であり，この2つの項目が，全体の75％を占めている。したがって，現在よりも10分以上早く起きるようにし，余裕を持って新聞を読むように心がけ，早めにトイレを済ませる必要がある。

4　解答例

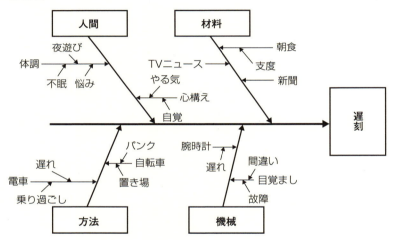

5

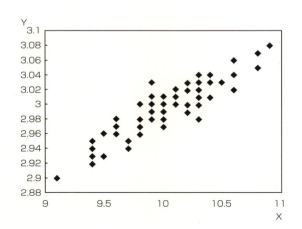

6
u＝（65−50）／10＝1.5　付表より，1.5より大きくなる確率は0.066807。すなわち，約6.68％である。

7
1） $\mu - \sigma \leqq x \leqq \mu + \sigma$

u＝（$\mu + \sigma - \mu$）／σ＝1　付表より，1大きくなる確率は0.158655。その余事象は，0.5−0.158655＝0.341345。左右対称であるから，0.341345×2＝0.68269。したがって，約68.27％である。

2） $\mu - 2\sigma \leqq x \leqq \mu + 2\sigma$

u＝（$\mu + 2\sigma - \mu$）／σ＝2　付表より，2より大きくなる確率は0.022750。その余事象は，0.5−0.022750＝0.47725。左右対称であるから，0.47725×2＝0.9545。したがって，約95.45％である。

3） $\mu - 3\sigma \leqq x \leqq \mu + 3\sigma$

u＝（$\mu + 3\sigma - \mu$）／σ＝3　付表より，3より大きくなる確率0.0013499。その余事象は，0.5−0.0013499＝0.4986501。左右対称であるから，0.4986501×2＝0.9973002。したがって，約99.73％である。

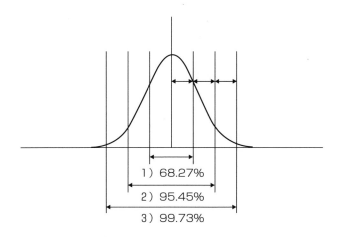

8

$$P\ (X=5)\ =\frac{20\ !}{5\ !\ (20-5)\ !}\ (0.05)^{5}(1-0.05)^{20-5}$$

$$=(1.5504\times10^{4})\ \times0.000000313\times0.4633$$

$$=0.002245$$

したがって，不良品が5個現れる確率は，0.002245である。

9

$$P\ (X=0)\ =\frac{1.5^{0}}{0\ !}\ e^{-1.5}=0.2231$$

したがって，白点のないものは，22.31％ある。

また，5個以上発生する確率は $\displaystyle\sum_{x=5}^{\infty}p\ (X=x)$ を求めればよいが，これは $\displaystyle\sum_{x=5}^{\infty}p\ (X=x)\ =\ (1-\sum_{x=0}^{4}P(X=x))$ と考えることができる。

$$P\ (X=0)\ =0.2231 より$$

$$P\ (X=1)\ =P\ (X=0)\ \times1.5/\ 1\ =0.3347$$

$$P\ (X=2)\ =P\ (X=1)\ \times1.5/\ 2\ =0.2510$$

$$P\ (X=3)\ =P\ (X=2)\ \times1.5/\ 3\ =0.1225$$

$$P\ (X=4)\ =P\ (X=3)\ \times1.5/\ 4\ =0.0471$$

よって，$\displaystyle\sum_{x=0}^{4}p\ (X=x)=0.9814$

したがって，5個以上現れる確率は $1-0.9814=0.0186$ となり，1.86％である。

10

群	$\overline{x}$	R	群	$\overline{x}$	R
1	77.965	0.24	14	78.125	0.36
2	78.140	0.24	15	78.140	0.08
3	78.190	0.22	16	78.095	0.18
4	78.190	0.12	17	78.000	0.20
5	78.135	0.20	18	77.985	0.14
6	78.115	0.36	19	78.285	0.38
7	78.205	0.38	20	78.055	0.20
8	78.135	0.12	21	78.115	0.20
9	78.020	0.28	22	78.010	0.16
10	78.110	0.10	23	78.330	0.34
11	78.080	0.16	24	78.100	0.14
12	78.240	0.38	25	78.160	0.16
13	78.110	0.06	合計	1953.035	5.4

$\overline{x}$ 管理図のCL=1953.035/25=78.1214

UCL=78.1214+0.729×0.216

　　=78.2789

LCL=78.1214−0.729×0.216

　　=77.9639

R管理図のCL=5.4/25=0.216

UCL=2.282×0.216

　　=0.493

LCL=「引かない」

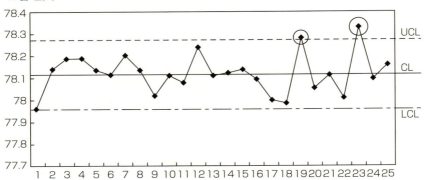

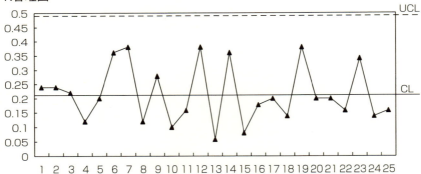

11

南支店の $\bar{p} = 303/6,000 = 0.0505$

　　　$CL = 0.0505 \times 200 = 10.1$

　　$UCL = 10.1 + 9.290 = 19.39$

　　　　$= 19.4$

　　$LCL = 10.1 - 9.290 = 0.81$

　　　　$= 0.8$

北支店の $\bar{p}$ =129/6,000 = 0.0215

　　CL=0.0215×200 = 4.3

　　UCL=4.3 + 6.154 = 10.454

　　　　= 10.5

　　LCL=4.3 − 6.154 =「引かない」

南支店の場合

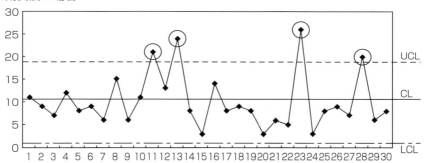

北支店の場合

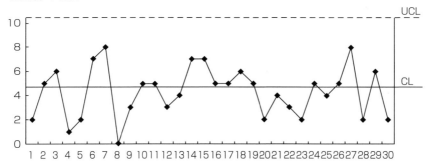

考察）南支店に関しては，ときどき突発的に管理はずれが起きている。この異常原因を追求し，再発防止の処置を行い，管理状態にもっていかなければならない。また，平均不良率も5.05％と高いので，この原因を調査する必要がある。

北支店に関しては，平均不良率が，2.15％と比較的小さく管理状態内にあるので，当面この状態を維持するように努めればよい。

12

1）p 管理図　　2）pn管理図　　3）u 管理図　　4）c 管理図

13

1）左から順に，$\bar{x} - R$管理図，$\tilde{x} - R$管理図，$x - \bar{x} - R$管理図，$x - R_s$管理図

2）左から順に，pn管理図，p 管理図，c 管理図，u 管理図

演習問題 2 に対応したExcel例

日付	時間			
	9 時	1 1 時	1 4 時	1 6 時
1	77.84	78.04	78.08	77.90
2	78.10	78.28	78.14	78.04
3	78.30	78.20	78.08	78.18
4	78.26	78.20	78.14	78.16
5	78.24	78.14	78.04	78.12
6	78.32	77.96	78.20	77.98
7	78.44	78.12	78.20	78.06
8	78.16	78.06	78.18	78.14
9	78.14	78.00	77.86	78.08
10	78.06	78.16	78.08	78.14
11	78.06	78.18	78.02	78.06
12	78.42	78.38	78.04	78.12
13	78.10	78.14	78.12	78.08
14	78.00	78.36	78.12	78.02
15	78.18	78.16	78.12	78.10
16	78.16	78.12	77.98	78.12
17	78.06	78.00	77.88	78.04
18	77.96	78.00	77.92	78.06
19	78.10	78.48	78.10	78.46
20	78.08	77.98	77.98	78.18
21	78.12	78.22	78.10	78.02
22	77.94	77.96	78.04	78.10
23	78.26	78.28	78.22	78.56
24	78.02	78.16	78.10	78.12
25	78.24	78.08	78.14	78.18

諸元		
測定単位		0.02
データ数		100
最大値		78.56
最小値		77.84
区間の数	計算値	10
	決定値	10
区間の幅	計算値	0.072
	決定値	0.08
第 1 区間の下側境界値		77.83

中心値	頻度
	0
77.87	4
77.95	9
78.03	21
78.11	33
78.19	18
78.27	7
78.35	3
78.43	3
78.51	1
78.59	1
	0

区間	中心値
77.83	
77.91	77.87
77.99	77.95
78.07	78.03
78.15	78.11
78.23	78.19
78.31	78.27
78.39	78.35
78.47	78.43
78.55	78.51
78.63	78.59

平均値	78.1212
分散	0.017001
標準偏差	0.130386
上限規格値	78.50
下限規格値	77.90
指定寸法	78.20

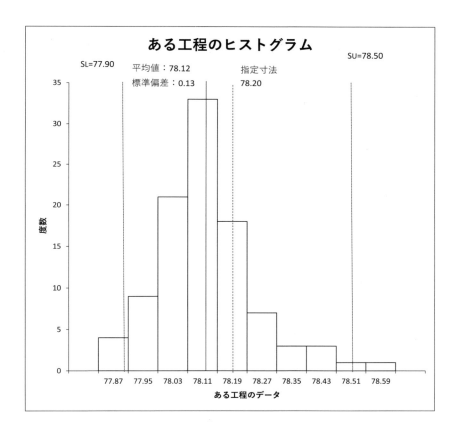

第4章　QCの手法

1～3　略

4

1) 2006年度の大学入試センタ試験から，英語のリスニングが正式な受験科目として導入された。英語リスニング試験に使用されたのは再生専用のICプレーヤで，全数検査（100％検査）が実施されていた。しかし，全国の英語リスニング受験者492,555人中，425人が「プレーヤの

不良」を申し出た。全数検査を実施しても，不具合が出てくることは避けられないので，このような場合，全数検査を2回くり返し行うことで，不具合の発生をさらに抑えることができ，これを200％検査という。
2）300％検査は，全数検査を3回くり返し行うことである。
3）無検査は，根拠や蓄積された検査データもなく，全く検査をしないことである。

5
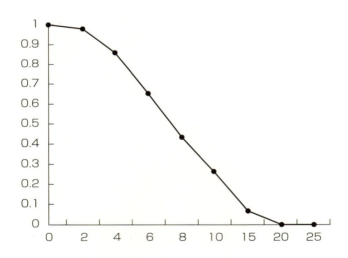

6　略

さくいん

あ
アローダイアグラム ……………… 89

い
いくつかの障害 …………………… 109
イシカワ・ダイアグラム ………… 38
因子負荷量 ………………………… 91

う
失われた10年 …………………… 200

え
エクセレンス・フレームワーク …… 132
エンゲージメント ………………… 135

か
カイ2乗分布 ……………………… 51
回帰直線 …………………………… 76
回帰分析 …………………………… 75
ガウス分布 ………………………… 46
科学的管理法 ……………………… 117
確率分布 …………………………… 43
確率変数 …………………………… 43
確率密度関数 ……………………… 44
加速寿命試験 ……………………… 107
カテゴリーアセスメント ………… 133
環境マネジメント規格 …………… 172
環境マネジメントシステム……… 172
管理限界線 ………………………… 54
管理限界用係数 …………………… 54
管理状態 …………………………… 62
管理図 …………………… 42, 53, 54, 59
管理図法 …………………………… 6
管理線 ……………………………… 54

き
記述統計学 ………………………… 26
期待値 ……………………………… 44

き
機能系統図 ………………………… 84
基本事象 …………………………… 106
京都議定書 ………………………… 161
近代統計学 ………………………… 27

く
偶然原因によるばらつき ………… 53
クオリティ・リーダ ……………… 194
グラフ ……………………………… 42
グリーンベルト …………………… 193
クリエイティブ・ダイナミック・グル
　ープ …………………………… 126

け
経営品質向上プログラム ……… 137
警戒限界 …………………………… 64
計数基準型抜取検査 ……………… 95
系統図法 …………………………… 84
計量基準型抜取検査 ……………… 96
限界試験 …………………………… 107
検査 ………………………………… 92

こ
工程FMEA ………………………… 105
顧客価値経営 ……………………… 138
顧客の声 …………………………… 188
顧客満足 …………………………… 130
国際標準化機構 …………………… 121
国連気候変動枠組条約 …………… 160
故障解析 …………………… 100, 106
故障木図 …………………………… 106
故障物理 …………………………… 107
故障モード ………………………… 105
古典統計学 ………………………… 26
コンシステントペア ……………… 151

さ

再現実験	107
散布図	40

し

システムダイナミックス	159
持続可能な発展	160
シックスシグマ	180
シックスシグマ設計	191
実験計画法	6
重回帰式	77
重回帰分析	76
従業員満足	127
重決定	77
重相関	77
自由度	25
シューハートサイクル	3
主成分得点	91
出検品質の平均値	98
寿命試験	107
寿命特性	108
少数重点項目	37
使用適合性	15
消費者危険	95
消費者主義	99
消費者の権利	99
商品ライフサイクル	100
新QC七つ道具	81, 82
審査登録機関	153
審査登録制度	153, 154
信頼性工学	108
信頼性試験	101, 107
親和図法	88

す

推測統計学	27

せ

正規分布	46
生産者危険	95

製造品質	16
成長の限界	159
正の相関	41
セクタ規格	157
セクタ・スキーム	157
設計FMEA	105
設計品質	16
説明変数	77
セルフアセスメント	137
ゼロ・ディフェクト活動	185
全社的品質管理	4
全数検査	93
全体観的アプローチ	126
選別型抜取検査	98

そ

相関関係	40
相関係数	42
総合的品質マネジメント	120
層別	40

た

第三者認証	147
代用特性	6
タグチ・メソッド	101
多数軽微項目	37

ち

チェックシート	29
地球環境サミット	160
地球再生計画	169
地球シミュレータ	166
地球シミュレータセンタ	166
チャンピオン	194
中央値	24
超幾何分布	49
調整型抜取検査	98

て

適合の品質	16
できばえの品質	16

さくいん　221

デミング経営哲学 ……………… 109
デミングサイクル ……………… 17
デミング賞 ……………………… 3
デミング・セミナー …………… 110
デミング・マスター …………… 126

と

統計的品質管理 ………………… 2
統計量 …………………………… 28
特性要因系統図 ………………… 84
特性要因図 ……………………… 38
度数分布表 ……………………… 32
トップ事象 ……………………… 106

な

7つの致命的症状 …………… 109, 115
ナレッジマネジメント ………… 135

に

日本経営品質賞 …………… 128, 131
日本経営品質賞の審査基準 …… 137
認証取得 ………………………… 157
認定機関 ………………………… 156
認定範囲 ………………………… 154

ぬ

抜取検査 ………………………… 93
抜取検査法 ……………………… 6, 81
抜取検査方式 …………………… 95

ね

ねらいの品質 …………………… 16

は

ばらつき ………………………… 7
パリ協定 ………………………… 164
パレート図 ……………………… 35
パレートの原則 ………………… 35
範囲 ……………………………… 25

ひ

ヒストグラム …………………… 30
標準正規分布 …………………… 47
標準偏差 ………………………… 25

標本 ……………………………… 27
品質改善 ………………………… 124
品質管理 ……………………… 2, 124
品質管理要求事項 ……………… 144
品質機能展開 ………………… 105, 189
品質計画 ………………………… 124
品質系統図 ……………………… 84
品質システム要求事項 ………… 144
品質ジョブ・ワン ……………… 119
品質展開 ……………………… 100, 101
品質特性 ……………………… 6, 101
品質特性展開表 ………………… 102
品質の家 ………………………… 189
品質表 ………………………… 102, 103
品質保証 ……………… 98, 99, 100, 124
品質保証システム規格 ………… 145
品質マネジメント …………… 121, 122
品質マネジメントシステム …… 121, 122
品質マネジメントシステムの採用 … 152
品質マネジメントの原則 ……… 121
品質マネジメントの7つの原則 …… 122

ふ

フォードQ1 …………………… 119
フォードシステム ……………… 6, 119
歩留まり ………………………… 184
負の相関 ………………………… 41
不偏分散 ………………………… 25
ブラックベルト ………………… 193
ブレーンストーミング ……… 38, 189
分散 ……………………………… 25
分散分析表 ……………………… 77

へ

平均出検品質限界 ……………… 98
平均値 …………………………… 24
平方和 …………………………… 25
ベストプラクティス …………… 180
変革請負人 ……………………… 193

ほ

ポアソン分布	49
母回帰係数	77
母集団	27
保証制度	99
母数	28

ま

マイル保証	99
マスター・ブラックベルト	194
マトリックス・データ解析法	91
マトリックス図法	85
マルコム・ボルドリッジ国家品質賞	128

み

見逃すことのできないばらつき	53

む

無作為抽出	28
無試験検査	93
無相関	41

も

目的変数	77

ゆ

有意水準	77
ユニット	184

よ

要求品質展開表	102
ヨーロッパ品質賞	131
欲求5段階説	127

り

離散分布	43

る

ルーブリック	136
ルドルフ数	46

れ

連関図法	82
連続生産型抜取検査	98
連続分布	43

ろ

ローマクラブ	159
ロット	94

英数

2項分布	49
3シグマ法	54, 182
4M	74
8:2の法則	37
14のポイント	109
80-20ルール	37
80対20の法則	37
ABC分析	37
ABCZ分析	38
ANDゲート	106
AOQ	98
AOQL	98
BPR	113
C型マトリックス	86
c管理図	62
CCSマネジメントコース	2
CDG	127
CDGM	127
COPQ	186
CTQ	188
CTQツリー	188
CWQC	14
DMAIC	190
DPMO	184
DPU	184
e-Japan戦略	199
e-Japan戦略Ⅱ	199
EQ賞	131
ERP	113
F分布	52
FMEA	100, 105
FT図	106
FTA	100, 105

さくいん　223

GEM/C	131	QCサークルの基本理念	21
IMD	200	QC七つ道具	29
IQ分析	38	QFD	105
ISO 9000シリーズ規格	143, 147, 148	Q-Japan	199
ISO 9000ファミリー規格	143, 149	R管理図	55
ISO 9000ファミリーコア規格	150	R_s管理図	59
ISO 14000シリーズ規格	172	SCM	113
KJ法	88	T型マトリックス	86
KYOTO II	162	t分布	51
L型マトリックス	85	TC 176	145
Made in America	179	TC 207	172
MAIC	190	TQC	19
MB賞	130, 132	TQM	120, 121
Oメンバ	146	TQM宣言	124
OC曲線	94	u管理図	61
ORゲート	106	u-Japan	199
P型マトリックス	86	VOC	188
p管理図	59	X型マトリックス	86
Pメンバ	146	x管理図	58
PDCAサイクル	13, 112, 190	$\tilde{x}$管理図	58
PDPC法	90	$\bar{x}$－R管理図	55
pn管理図	59	$\tilde{x}$－R管理図	58
PQ分析	38	x-R_s管理図	58
QA	99	x-$\bar{x}$－R管理図	58
QC監査	20	Y型マトリックス	86
QC工程表	101	ZD活動	185
QCサークル活動	21, 127, 180		

■著者紹介■
古 殿 幸 雄（こどの　ゆきお）

1963年7月生まれ。
1992年　大阪工業大学大学院工学研究科博士後期課程修了。博士（工学）。
1993年　福山大学経済学部経営情報学科講師。
1998年　福山平成大学経営学部経営情報学科助教授。
2001年　大阪国際大学経営情報学部助教授。
2005年　大阪国際大学経営情報学部教授。
2007年　大阪国際大学経営情報学部長（2014年まで）
2008年　大阪国際大学ビジネス学部教授，ビジネス学部長兼務（2014年まで）
2014年　大阪国際大学グローバルビジネス学部教授
2015年　近畿大学経営学部経営学科教授

●主な著書
『入門ガイダンス　経営科学・経営工学（第3版）』（中央経済社）
『入門ガイダンス　情報のマネジメント（第2版）』（中央経済社）
『入門ガイダンス　経営情報システム（第2版）』（中央経済社）
『入門ガイダンス　プロジェクトマネジメント』（中央経済社）
『最新・情報処理のしくみ』（編著）（サイエンス社）

入門ガイダンス
品質管理のマネジメント（第2版）

2006年6月20日	第1版第1刷発行
2022年10月5日	第1版第3刷発行
2024年9月10日	第2版第1刷発行

著　者　古　殿　幸　雄
発行者　山　本　　　継
発行所　㈱中央経済社
発売元　㈱中央経済グループ
　　　　パブリッシング

〒101-0051　東京都千代田区神田神保町1-35
電　話　03(3293)3371(編集代表)
　　　　03(3293)3381(営業代表)
https://www.chuokeizai.co.jp
印刷／東光整版印刷㈱
製本／㈲井上製本所

ⓒ 2024
Printed in Japan

＊頁の「欠落」や「順序違い」などがありましたらお取り替えいた
しますので発売元までご送付ください。（送料小社負担）
ISBN978-4-502-50941-4　C3034

JCOPY〈出版者著作権管理機構委託出版物〉本書を無断で複写複製（コピー）することは，
著作権法上の例外を除き，禁じられています。本書をコピーされる場合は事前に出版者
著作権管理機構（JCOPY）の許諾を受けてください。
JCOPY〈https://www.jcopy.or.jp　eメール：info@jcopy.or.jp〉